Ricardo Honório

A Vida Sempre Ensina

Ricardo Honório

A Vida Sempre Ensina

2ª Edição

Copyright©Ricardo Honório, 2014

Todos os direitos reservados:

Editora Otimismo LTDA
SIBS - Quadra 03 - Conjunto C - lote 26
71736-303 - Núcleo Bandeirante
Brasília - DF
Tel: (61) 3386-0459
Fax: (61) 3386-4916
editoraotimismo@yahoo.com.br

Maio de 2015

Diagramação: Cristina Cardoso

Capa: Francisco Junior

> H674 Honório, Ricardo
> A vida sempre ensina / Ricardo Honório
> 2ª Edição - Brasilia: Editora Otimismo, 2015
> 158 p.
>
> ISBN: 85-86524-92-9
>
> 1.Espiritismo   2. Auto Conhecimento   I Título
> CDD 133

ÍNDICE

APRESENTAÇÃO 7
PREFÁCIO DA 1ª EDIÇÃO 9
PREFÁCIO DA 2ª EDIÇÃO 11
INTRODUÇÃO 13
O TRABALHO VOLUNTÁRIO 17
OBSESSÃO E VAMPIRISMO 23
O BEM E O MAL 31
MEDIUNIDADE 35
DIVÓRCIO 37
O SIGNIFICADO DA VIDA 41
DIFERENÇA VIBRATÓRIA 46
ESPÍRITOS PROTETORES 49
INTUIÇÃO 52
MEDITAÇÃO 56
COMUNICAÇÃO COM OS ESPÍRITOS 61
AS MUITAS MORADAS 66
MILAGRES EXISTEM? 72
VIVENDO E APRENDENDO 76
SEXO E EVOLUÇÃO 79
A SOMA E O RESTO: OS QUE ESTÃO VIVOS E OS MORTOS 81
COLETÂNEA DE MENSAGENS 86
    1ª MENSAGEM 88
    2ª MENSAGEM 89
    3ª MENSAGEM 90
    4ª MENSAGEM 91
    5ª MENSAGEM 92
    6ª MENSAGEM 93
    7ª MENSAGEM 94
    8ª MENSAGEM 95
    9ª MENSAGEM 97
    10ª MENSAGEM 98
    11ª MENSAGEM 99
    12ª MENSAGEM 100
    13ª MENSAGEM 102
    14ª MENSAGEM 104
    15ª MENSAGEM 106
    16ª MENSAGEM 107

17ª MENSAGEM 108
18ª MENSAGEM 109
19ª MENSAGEM 110
20ª MENSAGEM 111
21ª MENSAGEM 112
22ª MENSAGEM 114
23ª MENSAGEM 116
24ª MENSAGEM 117
25ª MENSAGEM 118
26ª MENSAGEM 119
27ª MENSAGEM 121
28ª MENSAGEM 122
29ª MENSAGEM 123
30ª MENSAGEM 124
31ª MENSAGEM 126
32ª MENSAGEM 127
33ª MENSAGEM 128
34ª MENSAGEM 129
35ª MENSAGEM 130
36ª MENSAGEM 132
37ª MENSAGEM 134
38ª MENSAGEM 135
39ª MENSAGEM 136
40ª MENSAGEM 137
41ª MENSAGEM 138
42ª MENSAGEM 139
43ª MENSAGEM 140
44ª MENSAGEM 141
45ª MENSAGEM 142
46ª MENSAGEM 144
47ª MENSAGEM 147
48ª MENSAGEM 149
49ª MENSAGEM 150
50ª MENSAGEM 151
51ª MENSAGEM 153
52ª MENSAGEM 155
REFERÊNCIAS 157

APRESENTAÇÃO

Caro(a) leitor(a),

Este livro não traz novidade para os espíritas nem para os chamados simpatizantes, sendo estes os que, mesmo tendo tomado conhecimento das verdades espirituais trazidas pelo Espiritismo, permanecem inapetentes diante do banquete de virtudes da vida. Aqueles que ainda não tiveram acesso ao conhecimento espírita, talvez, vislumbrem algo novo.

As reflexões que seguem referem-se a situações do nosso cotidiano. São perguntas comuns que muitas vezes já fizemos e não tivemos a paciência ou a vontade de elaborar as respostas.

O livro não traz ensinamentos novos, conselhos e muito menos se presta à autoajuda. São experiências do dia a dia que divido com os que pretendem construir conceitos e uma cosmologia próprios com base na Filosofia Espírita. A minha pretensão é que sua leitura possa suscitar insights sobre as potencialidades de cada um para conceber o paraíso que deseja, haja vista possuirmos o poder de arquitetar o céu e o inferno que habitaremos, mediante nossos pensamentos, palavras, ações e omissões.

Cada item foi suscitado pela ocorrência de um fato real, que nos chegou por meio de uma pergunta ou mesmo de uma simples observação. Algumas vezes, deparamo-nos com situações em que fica difícil a palavra direta a quem sofre. Normalmente são amigos, parentes ou familiares que se debatem em enredos, muitas vezes criados pela sua própria incúria.

Quando me deparo com situações assim, escrevo um texto referente àquela situação e solicito ao interessado que o leia. Peço a sua opinião, que comente a essência do texto; pergunto se está clara a mensagem. Às vezes, ouço: "– Puxa, até parece que esse texto foi escrito pra mim!" Nesse caso, o objetivo foi atingido, a pessoa se abre ao diálogo e faço o possível para auxiliá-la, sem parecer que estou me imiscuindo na intimidade do seu problema.

Mas também ocorrem respostas assim: – É... tá bom. Ou ainda: – Tu num acha que tá muito complicado, não?! Então, eu tenho que concordar: – Tá... tá muito complicado, mesmo! E passo a tentar outros meios de auxiliá-lo. Sugiro uma palestra, um curso, um grupo de estudos, outras obras...

Assim, vão-se juntando os textos escritos, alguns publicados em informativos espíritas, enquanto outros ficam desconhecidos do público. Percebendo que a problemática dessas pessoas é semelhante a de muitas outras às quais não tenho acesso, decidi juntá-los num livro e oferecê-los aos que se interessem pelo tema.

Dessa forma, apresento ao público mais esta opção de leitura e espero que estas linhas possam lhes oferecer um momento de reflexão e suscitar-lhes ideias sobre a vida, com as relações que a compõem. Aos espíritas, é meu desejo não decepcionar. Aos não espíritas, almejo instigá-los ao estudo desta Doutrina que, mais que uma doutrina científica, filosófica e religiosa, é uma trilha para uma vida saudável, equilibrada e feliz.

Para ler este livro, assim como tantos outros que abordam esta temática, não se preocupem com o rótulo que possamos ter (espírita, católico, muçulmano, umbandista, budista...) tudo não passa de legenda para que outrem possam nos decifrar. Não é o rótulo o que interessa, mas o que existe de fato em nosso âmago: o que pensamos, sentimos, aprendemos, fazemos. Porque a vida é uma construção subjetiva e deve ser vivida a partir da sucessão de questionamentos, aprendizados, novos questionamentos para novos aprendizados, que fazemos sempre com o objetivo de construir-se um ser cada vez mais consciente, mais livre e integral. Nesse sentido, muitas vezes o rótulo não ajuda, podendo até comprometer a oportunidade de aquisição de novas informações para a construção de novos conhecimentos.

Muita paz!

Ricardo Honório

PREFÁCIO DA 1ª EDIÇÃO

Entre as qualidades que mais admiro, uma desponta: a de fazer o bem.

Quase que meço as pessoas por ela. Se não o faço é porque sei que ninguém pode ser medido, especialmente por mim que ainda me vejo carregado de imperfeições.

Mas com relação a Ricardo Honório toca muito bem ao meu coração a sua disposição e o propósito de dizer o que acredita que os outros precisam vivenciar.

Por isso, escreve. E bem.

Desde alguns anos, vem, com regularidade, trazendo para os serviços gráficos da Editora Otimismo, artigos, informações e mensagens oriundos do Grupo Espírita Peixotinho, de Brasília-DF. Tudo para ser distribuído gratuitamente. Aliás, o que geralmente fazem os identificados com a Doutrina dos Espíritos.

Agora, este livro. Antes, trouxe-o para que eu o examinasse. Pouquíssimas alterações sugeri, pois tudo me pareceu bom e digno de ser lido.

Assim, é com alegria que o ofereço. De fato, todos nós precisamos de esclarecimentos, caminhantes que precisamos pôr os pés na estrada de Jesus.

Lourival Lopes

PREFÁCIO DA 2ª EDIÇÃO

Caro Leitor,

Boa aceitação pelos leitores é o resultado dos bons ensinamentos de Ricardo Honório, que agora nos oferece novas mensagens iluminadas. A Vida Sempre Ensina esgotou a sua primeira edição em pouco tempo.

Quando o conheci, ele trazia um jornal para ser impresso. Apesar da pequena tiragem, fez nascer o escritor Ricardo Honório. O jornal com o nome de "Informativo Espírita" há uma década é distribuído e nos brinda com diversos textos do Ricardo. Com a dedicação a esse jornal começou a escrever quase que diariamente e teve a ideia de produzir este livro para divulgar os ensinamentos espíritas e ajudar algumas instituições, fato que o fez doar o direito autoral da primeira edição para o Cenáculo Espírita Casa de Maria, em Recife-PE. A segunda edição terá toda a sua receita doada para o Centro Espírita Casa de Lázaro, em Brasília-DF.

Numa linguagem jovial e atual ele responde, neste livro, a várias perguntas com às quais nos deparamos no dia a dia e temos de resolvê-las; traz-nos a sabedoria de quem insiste em aprender e viver os ensinamentos cristãos. Cinquenta e duas novas mensagens agora se somam aos temas de divórcio, sexo e evolução, mediunidade, entre outros, fazendo da segunda parte do livro um auxiliar para as reflexões decorrentes da leitura diária e dos estudos dos Evangelhos.

Por isso, é com grande satisfação que oferecemos aos nossos leitores mais esta edição de A Vida Sempre Ensina.

Abraço fraterno,

José Cláudio Lopes
Editor

INTRODUÇÃO

Houve um tempo em que nos deliciávamos em frente ás telas do cinema ou da televisão, assistindo a filmes de terror cujos personagens principais eram vampiros, como o terrível Conde Drácula, o mais famoso deles. Nas apresentações cinematográficas, o objeto de valor perseguido pelos agentes das trevas é o sangue.

O tempo passou, amadurecemos e passamos a desconsiderar a possibilidade de sermos atacados por um Drácula ou outro vampiro qualquer. Perdemos o medo como consequência da maturidade racional que nos diz que vampiros não existem, que são meros personagens da nossa imaginação representados nas telas da TV e do cinema. De fato, os vampiros, conforme nos mostra o cinema, estigmatizados pelas figuras lúgubres de morcegos sanguinários não existem. A nossa maturidade nos diz ser essa uma improvável situação.

Não obstante, em paralelo à maturidade racional devemos atentar para a necessidade da maturidade espiritual. Enquanto aquela nos diz que não devemos temer o ataque de uma criatura em forma de morcego para sugar nosso sangue, esta nos informa da existência de criaturas humanas que, pela estagnação espiritual, se prestam a serviços similares ao dos morcegos do cinema. Não mais para retirar o sangue, mas para consumir nossas energias psicofísicas e desorientar nossos pensamentos e nossas decisões, com vistas ao recrutamento de incautos para as fileiras de trabalhadores a serviço do desamor, ou simplesmente para desvirtuar o nosso caminho – principalmente se o nosso caminhar estiver lhes incomodando.

Se considerarmos que os vampiros reais são criaturas que buscam, para si ou para outrem, as energias que podemos lhes fornecer, a razão desperta nos indica que essas criaturas existem e continuam, se não exatamente como os morcegos do cinema, fazendo vítimas mundo a fora.

No cinema, a tática dos vampiros era apresentar-se como homens ou mulheres bonitos e atraentes, com o intuito de envolver os desatentos e conseguir-lhes a simpatia e a confiança, para sugar-lhes a jugular. No que se refere ao vampirismo espiritual a tática é parecida, senão a mesma. Isso acontece porque os seres humanos permanecem, praticamente, os mesmos, estacionados em degraus da evolução que os coloca na linha de mira dos vampiros contemporâneos.

Pela psicografia de Ângelo Inácio, Érebro, líder de falanges das sombras, afirma que o ser humano é fraco, imperfeito, egoísta, individualista, dotado de ambição sem limites e propenso a todo tipo de tentação, como o sexo desvirtuado e as drogas, e conclui dizendo que a fé que nos alimenta é fraca.

Diante desse quadro, parece que o ser humano torna-se presa fácil dos reais vampiros, que nada mais são do que espíritos viciados (encarnados ou desencarnados) que usufruem da permissão, consciente ou não, de homens e mulheres com tendências viciosas, pela sua incúria e desatenção às regras de conduta do ser encarnado com vistas à evolução espiritual, (PIRES, 1991).

Sendo a vampirização, ou mesmo a obsessão, um processo cujo resultado é sempre pernicioso para o paciente como para o agente, como entender que esse processo possa iniciar-se e manter-se com a conivência de ambos? Se lembrarmos dos filmes de terror, veremos que os vampiros se apresentam como homens ou mulheres bonitas, sensuais e por esse método atraem suas vítimas. Ou seja, a tática do Drácula e dos seus asseclas era atingir suas vítimas pela sensualidade e sexualidade, vícios que percebia existir em abundância em suas presas.

Voltando para a nossa realidade, alguma coisa não nos parece familiar? As danças e as músicas com forte apelo sexual não parece a velha tática com uma nova roupagem? Alguns programas televisivos, com forte apelo aos nossos desejos e vícios mais recônditos, não parecem com o canto de sereias modernas que atraem os viajantes dos mares da vida? A diferença agora é que o Drácula é ficção, mas os vampiros e obsessores são reais e estão causando um estrago muito maior do que simplesmente o derramamento de gotas de sangue.

Enquanto o Drácula dependia do acesso ao pescoço de suas vítimas, os obsessores e vampiros precisam apenas acessar a nossa mente, e o fazem por meio dos nossos pensamentos, dos nossos desejos, das nossas fantasias expostas em mentalizações amiúdes. A porta de acesso não é mais a jugular desprotegida, mas a mente desequilibrada. Contra isso, nada mais atual e necessário do que a orientação do Cristo para que vigiemos e oremos. A melhor, senão a única defesa contra as investidas desses irmãos desequilibrados e equivocados que, por ignorância mais que maldade, se prestam a serviços de aliciamento de outras almas incautas e igualmente ignorantes, é a oração e a permanente vigília dos nossos pensamentos e ações.

As nossas viciações, alimentadas pelo nosso estado de ignorância da realidade espiritual em que nos situamos, são convites aos espíritos obsessores ou vampirizadores. Muitas vezes sem querer e sem perceber abrimos o nosso campo mental a essas criaturas que, após se instalarem, passam a nos conduzir como verdadeiras marionetes, ratificando o que nos disse o Espírito Verdade na questão 459 de O Livro dos Espíritos: "Influem os Espíritos em nossos pensamentos e em nossos atos? Muito mais do que imaginais. Influem a tal ponto, que, de ordinário, são eles que vos dirigem."

Nossos desejos, representados por nossos pensamentos, são, muitas vezes, o caminho mais curto para as nossas infelicidades. Oscar Wilde disse que na vida só há duas tragédias: uma é não conseguir atender aos nossos desejos, a outra é conseguir. Assim tenhamos muito cuidado com o que desejamos porque podemos tê-los atendidos e favorecermos um desfecho nada favorável.

Dessa forma, parece aceitável que a nossa felicidade e a nossa infelicidade se dão na exata medida dos nossos desejos mais sinceros, dos nossos pensamentos mais renitentes, das nossas ações mais amiúdes e da nossa vigília permanente.

Todo ser que ainda caminha pelas trilhas da ignorância, que ainda não se libertou do egoísmo, da lascívia, da cupidez, do apego exagerado à matéria... enfim, dos vícios que caracterizam o ser em evolução, está sujeito às investidas de espíritos ignorantes ou maldosos. Para fugir do assédio desses irmãos em desequilíbrio vale, mais uma vez, a orientação do Cristo: vigiai e orai!

Muita paz!

Ricardo Honório

O TRABALHO VOLUNTÁRIO

> *O Evangelho é o roteiro para a ascensão de todos os Espíritos em luta, o aprendizado na Terra para os planos superiores do Ilimitado. De sua aplicação decorre a luz do espírito.*
>
> **Emmanuel**

Viktor Emil Frankl foi um médico e psiquiatra austríaco, fundador da escola da Logoterapia. Esta é um sistema teórico-prático de psicologia que explora o sentido da vida e a dimensão espiritual da existência do indivíduo. Em pesquisa realizada junto a 7.948 alunos de 48 faculdades da Universidade John Hopkins, com vistas a mensurar os objetivos futuros dos entrevistados, Frankl concluiu que 16% dos pesquisados tinham como principal objetivo ganhar muito dinheiro e que 78% esperavam encontrar um objetivo e um sentido para a vida (OLIVEIRA, 2012).

Kushner (1999) nos diz que mais cedo ou mais tarde nos depararemos com as seguintes perguntas: Que devo fazer da minha vida? De que forma devo viver para que minha vida signifique algo mais que um simples lampejo de existência biológica, que logo desaparecerá para sempre?

A busca de um sentido e de um significado para a própria vida parece ser uma questão latente em todo ser humano, em todos os tempos. Entender quem somos, de onde viemos e para onde vamos é uma busca que remonta aos séculos mais distantes. Entretanto, o entendimento só chega quando o indivíduo alcança um mínimo de maturidade, por intermédio das experiências que a vida lhe oferece. É quando o Espírito, rechaçado pela rudeza das experiências em mundos primitivos e noutros de expiações e provas[1], volta-se para Deus em busca de respostas para as perguntas que reclamam uma razão para o sofrimento, para a falta de sentido em uma vida sem significado. Como proposta de solução, tem a indicação intuitiva de que tudo que precisa para ser feliz está dentro de si mesmo, cabendo a si próprio a iniciativa de descobrir o seu potencial de ser feliz e não precisar mais sofrer.

Nesse momento, o indivíduo percebe e reconhece que a felicidade só tem sentido quando vivida coletivamente; que a felicidade é um construto que só se faz mediante a cooperação mútua e crescente de todos os envolvidos; compreende que nunca seremos totalmente felizes enquanto tivermos um único irmão infeliz e que ninguém é feliz sozinho. Diante dessa constatação, ele infere que não há sentido melhor para emprestarmos às nossas vidas, do que perseguirmos o objetivo de erradicar da face da Terra a pobreza moral e a ignorância, misérias que infelicitam, direta e indiretamente, a todos nós.

Entendo que quando nos dedicamos, voluntariamente, sem interesses paralelos, a auxiliar o nosso próximo em suas necessidades de ordem material ou espiritual, encontramos um meio, um caminho que pode amenizar o sofrimento alheio e, por conseguinte, favorecer o embrião do sentido e do significado da nossa vida, com vistas à construção da felicidade que desejamos.

Quando percebermos que o trabalho voluntário em benefício dos mais necessitados pode fazer, para quem o recebe, a diferença entre a vida e a morte, entre a esperança e o desespero, entre o amor e o descaso, viraremos uma página em nossa existência e

---

[1] Embora não se possa fazer uma classificação rigorosa e precisa dos diversos mundos, podemos, considerando-se sua situação, destinação e características mais acentuadas, dividi-los, de uma maneira geral, desta forma: mundos primitivos, onde se dão as primeiras encarnações da alma humana; mundos de expiações e de provas, onde o mal predomina; mundos regeneradores, onde as almas que ainda vão expiar buscam novas forças, repousando das fadigas da luta; mundos felizes, onde o bem supera o mal; mundos celestes ou divinos, morada dos Espíritos puros, onde exclusivamente só reina o bem. A Terra pertence à categoria dos mundos de expiações e de provas e por isso o homem é alvo de tantas misérias. (Evangelho Segundo o Espiritismo, Cap. 3, item 4).

experimentaremos o alvorecer de um período de regeneração da Humanidade e vislumbraremos os pórticos da terra prometida ou do céu que almejamos.

É imperioso percebermos que quando nos dedicamos, em algum grau, ao atendimento de necessidades alheias estamos dizendo para Jesus que, com um retardo de mais de dois mil anos, começamos a compreender as suas admoestações de amor e de fraternidade, e iniciamos, qual filhos pródigos, o caminho de volta à casa de nosso Pai, por intermédio da prática das lições ensinadas e tantas vezes demonstradas pelo Mestre dos mestres. Nesse sentido, as casas religiosas, especificamente as espíritas, vêm-nos como oásis no deserto das nossas almas impiedosas e refratárias a nos oferecer oportunidade de estudo, reflexão e trabalho. São, por similaridade, a tenda que abrigara Saulo de Tarso no deserto, favorecendo-lhe o recolhimento imprescindível que antecede o despertar da consciência espiritual.

É dever moral de cada um de nós não desperdiçarmos as oportunidades que nos são oferecidas, não só pelas casas espíritas, mas por todas aquelas que se propõem a nos auxiliar a imersão nos preceitos teóricos e práticos da filosofia cristã, imprescindível para que possamos recompor, um dia, a nossa imagem e semelhança com o Criador. Diz-nos Oliveira (2012), que os homens esperam por Jesus e Ele espera igualmente pelos homens. Ninguém acredite que o mundo se redima sem almas redimidas. Conforme nos informa Edgard Armond no livro Os Exilados da Capela, o processo de remição das almas rebeldes que povoam a Terra teve início antes mesmo de o nosso planeta existir, quando a Inteligência Suprema do Universo determinou o expurgo dos espíritos refratários do orbe capelino. Não obstante, de acordo com os exemplos deixados por Jesus, o modus operandi para que se atinja a construção moral do nosso planeta define-se como uma tarefa coletiva.

Jesus, o governador da Terra, apesar de sua grandeza espiritual, não dispensou a participação de voluntários em seu programa de redenção da Humanidade, nem identificou seus auxiliares pela sapiência ou pela riqueza; pela inteligência ou pela competência, ao contrário, identificou-os pelo grau de dedicação e comprometimento. A História e os relatos bíblicos contam-nos que os auxiliares do Cristo para a reconstrução da Humanidade eram homens simples e até certo ponto rudes, pelo menos a maioria deles, mas extremamente comprometidos com a missão que seu líder lhes oferecera e que eles aceitaram.

Ainda hoje, apesar de tantos bons exemplos a serem seguidos, um dos problemas que atingem muitas casas espíritas, bem como outras que dependem do trabalho voluntário, não está relacionado com o grau de competência das pessoas, mas com a falta de comprometimento com a missão a ser cumprida.

Jesus não exigiu, nem exige, que aqueles que desejem segui-lo sejam perfeitos, mas que sejam comprometidos. A título de elucidação, conta-nos Buense (2002) que um carregador de água costumava trabalhar levando dois potes pendurados, um em cada ponta de uma vara que ia apoiada em seu pescoço. Um dos potes tinha uma rachadura por onde se derramava grande parte da água; o outro era perfeito e sempre chegava cheio ao destino. Assim foi durante anos.

O pote perfeito andava orgulhoso de suas realizações, enquanto que o pote rachado estava sempre envergonhado de sua imperfeição. Ao final de dois anos, o pote rachado falou para o homem da sua vergonha e queria lhe pedir desculpas. Pois, ao longo do tempo, havia entregado apenas a metade da sua carga d'água. Por causa do seu defeito, o trabalho era dobrado.

O homem ficou triste e cheio de compaixão para com o velho pote e lhe falou: – Quando retornarmos quero que veja algo ao longo do caminho. À medida que o carregador de água caminhava, o velho pote percebeu que flores enfeitavam um dos lados da estrada, o que lhe deu ânimo novo. Entretanto, ao chegarem ao destino, o pote rachado voltou a sentir-se mal por ter derramado metade da água que transportava.

Percebendo a sua tristeza, o homem lhe disse: – Você notou que pela estrada só havia flores do seu lado? Eu, por conhecer seu defeito, tirei proveito disso. Lancei sementes ao longo do caminho e todo dia você as regava. Por dois anos eu pude colher lindas flores para ornamentar a mesa do nosso patrão. Se você não fosse como é, ele não teria a beleza delas em sua casa. O velho pote recobrou o ânimo e entendeu que quando queremos contribuir, até nossos defeitos servem de instrumento. Todos nós temos defeitos; somos potes rachados. Porém, Deus, que nos conhece, pode nos utilizar na construção dos jardins da vida. Na Sua economia, nada se perde.

Somos os trabalhadores da última hora. Mas, certamente, não o somos por falta de oportunidade para o trabalho. Desde o primeiro dia da Boa Nova, Jesus nos convida, insiste para que nos convertamos em instrumentos de Sua Divina Vontade, dando-nos a perceber que a redenção procede do Alto, mas não se concretizará entre as criaturas sem a colaboração ativa dos corações de boa-vontade.

A vinha do Senhor é do tamanho do Seu coração. É impossível não identificarmos em Seus vastos campos de trabalho uma tarefa, por pequena que seja, que não comporte o nosso concurso e a nossa dedicação. Se você já se dedica, de alguma forma, a oferecer algo de si para outrem além do seu círculo familiar, mantenha-se firme no propósito como um auxiliar comprometido com a proposta do Cristo para a regeneração da Humanidade.

Caso ainda não se tenha decidido, aproveite as oportunidades que a vida lhe oferece. Se não consegue identificar essas oportunidades, ofereça-se para o serviço e verá que elas se multiplicarão. O tempo urge. Não se permita ficar de fora do banquete de núpcias que representa a união das criaturas com o seu Criador.

OBSESSÃO E VAMPIRISMO

Temos que nos aproximar deles com sentimento de amor fraterno e de compreensão, não com nojo, como se fôssemos os redimidos e eles os réprobos perdidos em seus crimes.
Hermínio Miranda

Herculano Pires nos diz que "Entre os vários elementos, coisas e seres que agem sobre o comportamento humano, o mais perturbador e o que mais profundamente ameaça as estruturas físicas e espirituais do ser humano é o vampirismo, porque é a atuação consciente de um ser sobre outro, para deformar-lhe os sentimentos e as ideias, conturbar-lhe a mente e levá-lo a práticas e atitudes contrárias ao seu equilíbrio orgânico e psíquico" (PIRES, 1991, p. 12).

Talvez o termo "vampirismo" possa soar como um exagero ou remeter-nos a uma imagem surreal da experiência humana, no que se refere ao intercâmbio das realidades material e espiritual. Entretanto, a Doutrina Espírita nos esclarece as consistentes relações que permeiam essas duas realidades, não deixando dúvidas, para aquele que quer ver, sobre a interdependência das necessidades dos espíritos encarnados e desencarnados.

Assim, de forma mais amena ou dissimulada, temos, amiúde, problemas causados pela influência de espíritos inferiores, sob a forma de obsessão simples, fascinação ou subjugação[2], atingindo inúmeros incautos no campo da sexualidade desregrada, do uso de drogas lícitas e ilícitas, com realce ao fumo e à bebida alcoólica,

---

[2] Dá-se a obsessão simples, quando um Espírito malfazejo se impõe sobre o obsedado, interferindo em seus pensamentos; a fascinação tem consequências mais graves. É uma ilusão produzida pela ação direta do Espírito sobre o pensamento da pessoa e que, de certa maneira, lhe paralisa o raciocínio; e a subjugação é uma constrição que paralisa a vontade daquele que a sofre e o faz agir a seu mau grado, ficando o paciente sob um verdadeiro jugo (KARDEC, 2002).

levando homens e mulheres ao descalabro do vício, às vezes com a justificativa de que o fazem apenas socialmente ou para descontrair-se após um dia exaustivo de trabalho.

Não negamos a necessidade da descontração para quem vive as agruras de um estressante dia de trabalho na sociedade hodierna. Mas, essa descontração tem que ser a base de ingredientes nocivos à saúde do corpo, do espírito e da família? Será que não somos suficientemente inteligentes e competentes para encontrar meios de descontração saudáveis, que contribuam para a elevação moral e espiritual do indivíduo, enquanto se descontrai? Descontrações que sejam agregadoras, ao invés de dissipadoras dos valores da família?

No capítulo 11 (Intercessão) do livro Missionários da Luz, obra de André Luiz, psicografada por Chico Xavier, Alexandre esclarece que é grande o número de casos de viciação mental, ignorância e sofrimento nos lares sem equilíbrio religioso. Onde não existe organização espiritual, não há defesas da paz de espírito.

Sobre um caso específico descrito no capítulo acima citado, Alexandre informa que aqueles que "desencarnam em condições de excessivo apego aos que deixaram na Crosta, neles encontrando as mesmas algemas, quase sempre se mantêm ligados à casa, às situações domésticas, aos fluidos vitais da família. Alimentam-se com a parentela e dormem nos mesmos aposentos onde se desligaram do corpo físico" (op. cit.).

Diante do espanto de André Luiz, diz Alexandre que chegam mesmo a se alimentarem, de fato, utilizando as mesmas iguarias de outros tempos. A mesa familiar, dessa forma, é sempre um receptáculo de influenciações de natureza invisível. Diante dela, devemos emitir bons pensamentos para que trabalhadores espirituais possam partilhar conosco o momento. Entretanto, pelos dispositivos da lei de afinidade, a maledicência atrairá os caluniadores invisíveis e a ironia buscará as entidades galhofeiras e sarcásticas, que inspirarão o anedotário menos digno, deixando margem vastíssima à leviandade e à perturbação. É o vampirismo recíproco.

O fato é que, pelas portas da ignorância, da vaidade, do egoísmo, da intolerância... ainda presentes nos homens e mulheres habitantes deste planeta, a obsessão e o vampirismo estão grassando sobre a Terra, destruindo realidades presentes e sonhos futuros. Urge, pois, que volvamos nossos interesses para os ensinamentos do Cristo, que o Espiritismo tão bem esclarece, condição sine qua non para vencermos nossas más tendências, para resistirmos às influências negativas e para construirmos um ambiente psíquico sadio e próspero.

De acordo com Pires (1991, p. 10), "sendo os espíritos nada mais que os homens desencarnados, é fácil compreender-se que as relações possíveis entre homens e espíritos, no campo afetivo e mental, permitem as ligações de espíritos viciados com homens de tendências viciosas".

Um equívoco corriqueiro entre os humanos encarnados, os chamados "vivos", é entender os espíritos como seres à parte do nosso mundo, das nossas vidas, sem uma efetiva participação no nosso dia a dia. Allan Kardec, na questão 459 de O Livro dos Espíritos, nos traz a informação de que os espíritos influenciam nossos pensamentos e atos muito mais do que possamos imaginar.

Entretanto, essa influência não se dá de forma aleatória, sem uma regra. Tudo na Natureza tem uma causa que justifica os efeitos. Neste caso, a regra está contida na Lei de Afinidade que aproxima ou afasta os seres, independente de estarem encarnados ou não, haja vista ser o ambiente fluídico universal[3] o meio pelo qual agem os espíritos, não opondo a matéria nenhuma resistência à ação espiritual.

---

[3] O fluido cósmico universal é, como já foi demonstrado, a matéria elementar primitiva, cujas modificações e transformações constituem a inumerável variedade dos corpos da Natureza. (Cap. X.) Como princípio elementar do Universo, ele assume dois estados distintos: o de eterização ou imponderabilidade, que se pode considerar o primitivo estado normal, e o de materialização ou de ponderabilidade, que é, de certa

Por ambiente fluídico, entendemos o campo energético consequente das emanações psíquicas, que formam uma rede de conexões mentais interligando inúmeras mentes que vibram em uma mesma frequência. Essa rede de conexões enseja vínculos mais ou menos fortes, capazes de manter uma mente sob a influência de outra de tal forma que a mente influenciada pode não perceber se o que pensa e faz é produto próprio ou de outrem.

Quando isso ocorre, o que não é raro, surge o que a Doutrina Espírita denomina de processo obsessivo ou simplesmente obsessão. Este assunto é tratado de forma pormenorizada no capítulo XXIII de O Livro dos Médiuns.

A obsessão é uma das causas, senão a principal, que tem levado inúmeras pessoas às casas espíritas em busca de solução para problemas de saúde para os quais não encontram remédio pelas regras ortodoxas da medicina, da psicologia ou mesmo da psiquiatria. São problemas cujas causas estão no campo extrafísico da existência humana, para os quais a ortodoxia empírico-científica não ajuda e até atrapalha.

Para esses problemas o Espiritismo não tem a solução, o remédio, mas tem a receita. De acordo com os ensinamentos do Evangelho e as minudências desveladas pelos espíritos superiores sobre a interdependência dos mundos físico e espiritual, a solução deve ser construída pelo interessado. Esta metodologia remonta ao tempo áurico de Jesus, que esclarecia os seus beneficiários de que o mesmo fora o responsável pela sua cura, quando dizia: "– A tua fé te salvou." (Lucas 8, 48). Não obstante, como que fazendo parte da mesma fórmula que curava o doente, Jesus também dizia: "– Vai e não peques mais." (João 8, 11).

A solução para problemas de obsessão passa inequívoca e invariavelmente pela quebra da conexão, da sintonia que mantém

---

maneira, consecutivo àquele. O ponto intermédio é o da transformação do fluido em matéria tangível. Mas, ainda aí, não há transição brusca, porquanto podem considerar-se os nossos fluidos imponderáveis como termo médio entre os dois estados. (A Gênese Segundo o Espiritismo, Cap. IV, item 2.).

obsessor e obsedado numa simbiose da qual o encarnado participa com grande submissão e nenhum benefício, embora se considere, muitas vezes, feliz e satisfeito com a situação que experimenta. A solução não simples e dificilmente o obsedado logrará sucesso sem o auxílio de terceiros.

O primeiro passo para pôr fim ao processo é reconhecer-se necessitado de ajuda. Aqui, muitas vezes, entram em cena dois fatores muito poderosos em benefício do obsessor, paradoxalmente existentes em abundância na grande maioria dos obsedados: o orgulho e a vaidade. O orgulho não permite ao obsedado reconhecer-se carente de auxílio e a vaidade lhe garante que é forte e esperto o suficiente para estar enredado num processo desse tipo. Para muitos, isso não passa de crendice.

Vencidos esses obstáculos, o obsedado deve submeter-se a um tratamento de desobsessão, oferecido gratuitamente pelas casas espíritas, onde o fator preponderante para o sucesso do tratamento é a mudança do padrão mental (ou padrão vibratório) e comportamental, ensejando para o obsessor a percepção de que não há mais sintonia entre ambos. Isso fará com que o obsessor perca o interesse pela manutenção desse vínculo, em virtude de a outra parte ter-se afastado das práticas que os faziam cúmplices.

É importante ressaltar que o tratamento desobsessivo não visa tão somente ao benefício do obsedado, mas, principalmente, o reconhecimento do obsessor de que esta prática é nociva para ambos. Quando isso ocorre, podemos dizer que o bem venceu a ignorância de ambos.

Entretanto, a quebra de sintonia e a consequente solução de um processo obsessivo não significam cura definitiva. Dissemos alhures que a raiz do problema está na sintonia, na afinidade mental e comportamental dos seres. Logo, sempre que o ser humano, encarnado ou desencarnado, favorecer, por seus pensamentos, palavras, atos e omissões, a imiscuição de outrem, principalmente desencarnado, em seu campo mental, sem que detenha ao máximo o controle de suas emoções e sentimentos, estará sujeito a novo processo obsessivo.

Pires (1991, p. 13) afirma que "as causas dessa situação mórbida decorrem de processos kármicos originados por associações criminosas em vidas anteriores. Os recursos espirituais são os passes espíritas, a frequência regular às reuniões mediúnicas, o estudo e a leitura dos livros espíritas básicos, a prática da prece individual diária pelo parasitado em favor do parasita - ou parasitas."

Entendo que o autor foi muito feliz ao abordar de forma objetiva e contundente a problemática obsessiva, pela qual passam muitos de nós, envolvidos que somos pelas artimanhas de espíritos cobradores, que agem sobre nossas carências morais e, amiúde, com a nossa conivência.

Espíritos milenares que somos, caminhando há longos evos pela estrada da vida, semeando as mais diversas sementes, ora no campo da afeição, ora no campo da desavença, ora no campo da nulidade de sentimentos... é natural que, pela Lei de Causa e Efeito, em determinado momento, tenhamos que colher o que semeamos.

Processos obsessivos nada mais são do que a colheita de uma semeadura pretérita ou atual, ou ainda a execução de contratos assumidos. Pelas leis humanas, nenhum contraventor é absolvido de sua culpa por desconhecer a norma jurídica; da mesma forma, como espíritos em evolução, não estamos livres das consequências dos nossos atos por desconhecermos ou desacreditarmos das leis naturais que regem a orquestra universal.

Somos livres para definir as causas, mas compungidos a assumir os efeitos em detrimento mesmo da nossa vontade. Ao longo da caminhada, fazemos associações das mais diversas com os mais díspares parceiros; criamos vínculos e compromissos variados que, em determinado momento, eram-nos interessantes. Com o passar do tempo, com a aquisição de conhecimentos percebemos os equívocos e decidimos mudar! Todavia, laços já foram criados, alianças já foram feitas e a outra parte exige, naturalmente, a sua execução.

É aqui que começam os dissabores de contratos impensados, de ações inconsequentes, de decisões precipitadas, de relações desequilibradas. Mas, infelizmente, o compromisso foi assumido e requer cumprimento! Assumimos as consequências do processo ou arcamos com os custos de uma rescisão contratual dolorosa e difícil.

Quando escolhemos a primeira opção, reforçamos os laços contratuais que podem se perpetuar numa convivência conturbada e simbiótica que não traz felicidade para nenhum dos lados e que se autossustenta na consecução de prazeres fugazes e inconsequentes; quando escolhemos a segunda opção, damos início a um processo de quebra de contrato nada fácil, que vai exigir da parte declinante uma determinação muito forte, muito trabalho e uma mudança de atitude capaz de convencer o ex-aliado da indignidade da relação. Esta mudança exige vontade, dedicação, abnegação, compromisso, fé e muita... muita disciplina.

Neste ponto, entra em cena a Doutrina Espírita com seus métodos de auxílio, mas que se mostram completamente ineficazes quando o interessado não demonstra certeza e comprometimento com a nova escolha. O interessado não pode olvidar que está fazendo um novo contrato, sob uma nova plataforma de trabalho completamente diversa da anterior e que seus antigos aliados não vão abrir mão facilmente da parceria que se tenta desfazer.

Não obstante as agruras próprias do processo de mudança, se o interessado cumprir a parte que lhe toca, o sucesso é garantido. O ditado popular "ajuda-te que o céu te ajudará" reflete bem essa assertiva.

As Casas Espíritas, que trabalham sob o condão da responsabilidade, com metodologia apropriada e validada pelas teorias e práticas espíritas, sob a égide da espiritualidade superior, tendo Jesus como modelo e guia e a codificação kardequeana como instrumento norteador das atividades, podem auxiliar o interessado nesse novo contrato a conseguir o seu intento.

A fluidoterapia (Passe); a orientação doutrinária presente nas palestras, cursos e seminários; a participação em reuniões mediúnicas; o aculturamento espiritual mediante leituras e estudos das obras básicas e complementares da Doutrina Espírita; o trabalho voluntário caritativo em benefício de pessoas carentes; os trabalhos de auxílio às atividades da casa espírita, a prática da oração diária... são recursos disponíveis aos interessados, que lhes podem auxiliar no processo de mudança mental e comportamental, capazes de lhes favorecer o distanciamento das práticas pretéritas equivocadas e inserir-lhes num novo contexto de vivência pautado nos ensinamentos cristãos.

Essa vivência, respaldada pela cosmologia espírita-cristã, favorecerá o equilíbrio emocional e a harmonia espiritual do dissidente da antiga associação, bem como daqueles que permanecerem equivocados (os chamados obsessores) e será fator preponderante para que os antigos companheiros de conluio, vendo o bem-estar do dissidente, resolvam também mudar das trevas para a luz.

Daí inferir-se que a chamada reforma íntima, com base na transformação moral, não alcança tão somente o indivíduo que se transforma, mas todos aqueles que, de alguma forma, lhes sejam afins, encarnados ou desencarnados. Logo, buscar o aprimoramento moral e espiritual próprio é também caridade para com outrem.

O BEM E O MAL

O Bem é tudo aquilo que possui um valor moral ou físico positivo, constituindo o objeto ou o fim da ação humana. Em um sentido geral, o Mal é tudo que é negativo, nocivo ou prejudicial a alguém.

Japiassu e Marcondes

Desde eras remotas, o embate entre o bem e o mal é uma constante. Nos dias de hoje as coisas não são diferentes! Esses dois estados do Homem continuam a digladiarem-se. Pensar sobre as causas e as possíveis soluções para o mal que nos aflige é um dever mais que um direito.

O Espiritismo nos ensina que fomos criados simples e ignorantes. A simplicidade está na estrutura do Espírito. Ao contrário do corpo físico, que é um emaranhado de nervos, ossos e músculos, o Espírito é uma chama, uma centelha que existe hoje e existirá sempre[4], conforme consta da questão 76 de O Livro dos Espíritos[5]. No que se refere à ignorância, ela reside na falta de experiência, de informações, de conhecimentos, de sabedoria; é um estado inicial e transitório que mudará a partir do nosso desejo de mudar.

O Espírito, depois de criado, inicia um processo de aprendizado e crescimento cujo fim é inatingível, pois o modelo a ser seguido é o seu Criador, de quem vislumbramos, no máximo, uma aproximada semelhança.

---

[4] Hão dito que o Espírito é uma chama, uma centelha. Isto se deve entender com relação ao Espírito propriamente dito, como princípio intelectual e moral, a que se não poderia atribuir forma determinada. Mas, qualquer que seja o grau em que se encontre, o Espírito está sempre revestido de um envoltório, ou perispírito, cuja natureza se eteriza, à medida que ele se depura e eleva na hierarquia espiritual (O Livro dos Médiuns, Segunda Parte, Cap. I, item 55, p. 78).

[5] Que definição se pode dar dos Espíritos? Pode-se dizer que os Espíritos são os seres inteligentes da Criação. Eles povoam o universo, fora do mundo material.

Ao longo da trajetória evolutiva, por intermédio de encarnações sucessivas, o Espírito habita mundos dos mais diversos[6], dentre eles a Terra, que nos favorece duas situações: faz-nos expiar, ou seja, sofrer as consequências dos erros pretéritos, a fim de que reflitamos sobre a necessidade da mudança de comportamento; e provar a nossa intenção, a nossa promessa de corrigir-nos mediante a demonstração prática dos conhecimentos adquiridos.

A Terra, como um grande laboratório, favorece-nos oportunidades e condições para que desenvolvamos os meios para o aprendizado e para o desenvolvimento individual e coletivo nos campos da moralidade e da intelectualidade, imprescindíveis para o aprimoramento do Espírito. Aproveitar essas oportunidades é escolha de cada um; não desperdiçá-las é já um princípio de sabedoria.

A riqueza, a pobreza, a saúde, a doença, a inteligência, a idiotia, os amigos, os inimigos, a dor, a alegria, a tristeza, tudo são postos à disposição do Homem para que construa, por seu próprio esforço, as informações e os conhecimentos capazes de substituírem a ignorância pela sabedoria em todos os campos do conhecimento: benevolência, paciência, abnegação, humildade, ciência, amor etc. Se o Homem ainda não os conseguiu não é culpa do Criador, mas da incúria do próprio homem em não aproveitar os instrumentos que lhe foram oferecidos.

Se estivermos num quarto escuro e perguntarem-nos se a escuridão existe, invariavelmente dizemos que sim, que ela existe.

---

[6] Embora não se possa fazer uma classificação rigorosa e precisa dos diversos mundos, podemos, considerando-se sua situação, destinação e características mais acentuadas, dividi-los, de uma maneira geral, desta forma: mundos primitivos, onde se dão as primeiras encarnações da alma humana; mundos de expiações e de provas, onde o mal predomina; mundos regeneradores, onde as almas que ainda vão expiar buscam novas forças, repousando das fadigas da luta; mundos felizes, onde o bem supera o mal; mundos celestes ou divinos, morada dos Espíritos puros, onde exclusivamente só reina o bem. A Terra pertence à categoria dos mundos de expiações e de provas e por isso o homem é alvo de tantas misérias. (E.S.E. Cap. 3, item 4).

Mas, ao acendermos uma lâmpada não vemos mais o escuro. Ou seja, a escuridão é tão somente um estado transitório representado pela ausência da luz. Tão logo se faça a luz, a escuridão deixará de existir. Assim, quando formos questionados sobre a existência do mal, para explicar o descalabro que grassa sobre a Terra, a resposta deve ser não, o mal não existe. O que existem são Homens em estado transitório de profunda ignorância, que cometem maldades; uns pela falta de informações, outros de conhecimentos e, consequentemente, de sabedoria.

Assim, o mal nada mais é do que a ausência do bem, que deverá ser conseguido por intermédio do conhecimento das Leis Naturais[7] que regem toda a orquestra universal. Todavia, a ignorância dessas leis não exime o Homem que comete maldades de responder por elas. Para esses, existem os mundos de expiações que os receberão em encarnações futuras, para que resgatem o mal cometido com o bem que aprenderão a praticar.

Muitas vezes reclamamos da vida que temos, sem percebermos que o que temos é exatamente o que precisamos ter, para que consigamos atingir as metas definidas para esta encarnação. É o salário, é o marido, é a esposa, são os filhos, são os irmãos, são os amigos, é o trabalho, é a falta disso, é o excesso daquilo... tudo é motivo para queixa! Lembremos o Cristo que nada devia e tudo suportou com paciência, esperança, abnegação, fé e a certeza de que Deus não nos fez para o sofrimento, mas para a felicidade. Sofrimento, que assim como a ignorância, é tão somente um estado transitório que aguarda a nossa decisão de não mais sofrer, de não mais errar para sermos felizes.

A vida, quase sempre, nos oferece a oportunidade de que precisamos para mudar nosso destino, nós é que não percebemos.

---

[7] As Leis Naturais estão contidas no Evangelho de Jesus. O capítulo 3 de O Livro dos Espíritos, de onde advém o Evangelho Segundo o Espiritismo, descreve e comenta todas elas, começando pelo entendimento de lei natural e prossegue elucidando a Lei de Adoração; Lei do Trabalho; Lei de Reprodução; Lei de Conservação; Lei de Destruição; Lei de Sociedade; Lei do Progresso; Lei de Igualdade; Lei de Liberdade e a Lei de Justiça, de Amor e de Caridade que nos conduzirão à perfeição moral.

A título de exemplo, vejamos um dos casos do médium Chico Xavier, ocorrido em 1928, conforme consta no sítio do Portal do Espírito[8]. Um mendigo cego havia sofrido um acidente ao cair de um viaduto, numa altura de quatro metros, e foi levado por algumas pessoas até o Centro Espírita Luiz Gonzaga para que recebesse ajuda. Chico fez o que pôde pelo pobre homem, ajudando-o à noite (o período em que tinha tempo para isso). Apesar da assistência dada pelo médium, o acidentado precisava de cuidados durante o dia. Assim, Chico publicou uma nota no jornal semanal de Pedro Leopoldo pedindo ajuda, independentemente de serem os candidatos católicos, espíritas ou ateus. Seis dias depois, apresentaram-se duas conhecidas meretrizes da cidade, dizendo que tinham lido o pedido e estavam dispostas a ajudar. E o fizeram, ficando durante o dia com o enfermo e saindo quando Chico retornava. Antes de irem embora, oravam com ele. O cego ficou melhor depois de um mês e quando Chico terminou uma oração de agradecimento, os quatro choraram, e uma das mulheres disse a ele que a prece havia modificado suas vidas. As duas estavam se mudando para Belo Horizonte para trabalhar. Uma foi trabalhar numa tinturaria, e a outra se tornou enfermeira. Captaram a mensagem e a oportunidade que a vida lhes ofereceu e mudaram. O que, a primeira vista era um mal, foi, na verdade, a fonte de um grande bem.

É isso! O bem não cai pronto do céu. O céu espera que o construamos nas relações intra e interpessoais que acabam por moldam o nosso caráter. Para tanto, busquemos conhecer as leis que regem a vida humana na Terra. Elas constam, conforme dito alhures, dos Evangelhos do Cristo e foram desveladas pelos benfeitores espirituais nas inúmeras obras espíritas, explicitando as relações que nos prendem ou nos libertam do cativeiro da ignorância, nosso mal maior. Dessa forma, e só assim, bebendo na fonte inesgotável do amor do Cristo vislumbraremos em nós o bem e a paz que desejamos para o mundo.

---

[8] http://www.espirito.org.br/portal/publicacoes/esp-ciencia/002/casos-de-chicoxavier.html. Acesso em 22 ago. 2012.

MEDIUNIDADE

Toda obsessão decorre da perfeita sintonia entre o agente perturbador e o paciente perturbado.

Joanna de Ângelis
(Divaldo P. Franco)

Dentre os muitos instrumentos disponibilizados ao Homem para a consecução dos objetivos espirituais na Terra, a mediunidade é ainda um dos menos compreendidos. Para que possamos aproveitar ao máximo as potencialidades dessa ferramenta, vale a preocupação de buscarmos o devido entendimento. A mediunidade, quando bem estudada, entendida e, principalmente, bem utilizada, é fonte inesgotável de benefícios para quem a detém, bem como para aqueles que dela possam se beneficiar.

De antemão, a mediunidade não pode ser entendida como um privilégio, um instrumento de uso particular para proveito próprio e muito menos como uma arma de defesa ou ataque contra adversários do passado ou do presente. A mediunidade é, acima de tudo, um instrumento que favorece o nosso aperfeiçoamento, pela caridade que, por seu intermédio, façamos.

A Mediunidade também não é brinquedo, mas compromisso assumido que deve ser cumprido. Deve ser entendida como oportunidade de crescimento próprio pelo bem que podemos fazer a outrem. O médium não deve entender a sua faculdade como uma propriedade particular que pode usar quando e como quiser. Ao contrário, deve entendê-la como oportunidade de praticar o bem e fazer a caridade em favor de encarnados e desencarnados.

O médium precisa saber, desde cedo, que a vaidade lhe é um dos vícios morais mais perniciosos, contra o qual deve encetar, o quanto antes, procedimentos de defesa contra essa chaga do espírito humano na Terra. A vaidade é o caminho mais curto para a derrocada do espírito encarnado portador de qualquer mediunidade. Achar-se poderoso, fazedor de milagres, superior àqueles que possuam mediunidade menos ostensiva é a chave que abre as portas para processos obsessivos de difícil solução.

Todo aquele que identificar em si traços de mediunidade ostensiva, qualquer que seja, deve, antes de tudo, atentar para a responsabilidade que exige a faculdade com a qual foi agraciado. De pronto, buscar orientação em uma Casa Espírita sobre como proceder para o seu melhor aproveitamento e como evitar o mau uso, acima de qualquer pretexto. Todo trabalhador no campo da mediunidade, pelo seu estudo, deve saber que é portador de um instrumento que lhe permite o intercâmbio de informações entre os mundos material e espiritual, sem a garantia do total conhecimento da fonte que se identifica do lado de lá. Essa realidade lhe exige humildade e perspicácia no trato com os irmãos comunicantes e parcimônia na divulgação dos resultados de seus trabalhos mediúnicos.

A impossibilidade da certificação da fonte desencarnada é motivo de alerta para o médium, cujo melhor meio para fugir dos espíritos embusteiros e levianos é a diuturna elevação do seu padrão vibratório, que deve ser obtido por meio da correção de sentimentos, pensamentos e comportamentos enquadrados no padrão de conduta definido no Evangelho de Jesus. A norma moral cristã é o único caminho que garante a serenidade da caminhada do médium.

Por fim, a todo aquele que perceber, em maior ou menor grau, uma manifestação mediúnica, sugere-se a leitura e o estudo de O Livro dos Médiuns, obra que compõe a codificação espírita, realizada por Allan Kardec. Sugere-se também o estudo em grupo, realizado em bons ambientes, acompanhado por médiuns experientes, onde a moral cristã e as orientações kardequeanas sejam os balizadores dos estudos e dos trabalhos.

DIVÓRCIO

Imutável só há o que vem de Deus. Tudo o que é obra dos homens está sujeito a mudança.

E.S.E. cap. XXII

Aprendemos no capítulo 19, versículo 6, do Evangelho de Mateus, que o homem não deve separar o que Deus ajuntou. Na minha infância, imaginava as mãos do representante religioso fechando-se sobre as cabeças de um casal que, a partir daquele momento – e tão somente por aquele momento – julgavam-se unidos por Deus e, como tal, irrevogavelmente inseparáveis.

Partindo do princípio de que todo atentado às leis divinas nos relegaria, invariavelmente, ao purgatório e, provavelmente, ao inferno, imaginava como seria triste se algum dia aquele casal descobrisse que não poderiam mais viver juntos, por quaisquer razões que fossem; e como seria desfavorável ao "Céu" a relação entre os salvos e os condenados por atentarem contra a "Lei da Indissolubilidade Conjugal", num futuro próximo.

Imaginava como seria frustrante para o Divino Mestre ver Suas promessas, como a de que nenhuma ovelha do seu rebanho se perderá, serem descumpridas por conta de uma lei que insiste em afirmar que deve queimar no fogo eterno todo aquele que romper com a indissolubilidade do casamento. Isso me queimava os miolos!

Finalmente, dois fatos me vieram aliviar a tormenta, no que se refere aos que reconheceram o engano após o "sim" racionalmente dissolúvel. O primeiro é que dois conceitos institucionais que pareciam indeléveis na Igreja Católica Apostólica Romana se dissolveram nas palavras do Papa João Paulo II, ao afirmar que o céu e o inferno não existem como referência geográfica, mas como estados da consciência humana (TEIXEIRA, 2008). Logo, os remanescentes de uniões dissolvidas não se queimarão mais em fogo algum, salvo o da própria consciência; nem os que se mantiveram unidos, sabe-se lá como, ganharão o céu só por isso. O segundo está no cap. XXII de O Evangelho Segundo o Espiritismo, que diz: "O divórcio é lei humana que tem por objeto separar legalmente o que já, de fato, está separado. Não é contrário à lei de Deus, pois que apenas reforma o que os homens hão feito e só é aplicável nos casos em que não se levou em conta a lei divina."

Assim, fica ratificada a expressão do Evangelho de Mateus de que o que Deus une o homem não separa. Todavia, a união que Deus faz não é aquela que se dá nos altares, à sombra de dogmas, ou nos cartórios, à sombra de uma toga, mas aquela que se faz nos corações que se atraem pela afeição, pela conjunção de pensamentos, de sentimentos. E para a ratificação dessa união não são necessárias leis, rituais ou palavras, mas tão somente a convivência harmoniosa, a afeição, a cumplicidade e o amor.

O divórcio, lei humana, revoga tão somente outra lei humana, haja vista que os cônjuges assim o eram só pela força da legislação terrena e, talvez, nunca o foram pelo amor. Neste caso, as leis de Deus, certamente, não os haviam unido.

Não obstante, é imprescindível que reflitamos ainda sobre duas questões importantes: o compromisso assumido e as suas consequências. O véu do esquecimento que nos é imposto pelo processo reencarnatório, favorece o trabalho de reajustamento com os desafetos do passado, mas também pode facilitar equívocos diante de situações das quais não lembramos o compromisso. Infelizmente, em casos desta natureza, não nos é lícito dizer: "– Ah! eu não sabia!" ou "– Eu não me lembro de ter prometido isso!". Situação similar ocorre em nossas sociedades, onde o desconhecimento do texto legal não desobriga o indivíduo do seu cumprimento, nem absolve o infrator.

Osório P. Filho nos traz o desfecho de um caso de dissolução matrimonial, com consequências graves para os filhos, ocorrido nos primeiros anos do século XX, conforme descrito a seguir: "Hoje, já desencarnados, seus espíritos[9] em arrependimento se debatem nas trevas do vale umbral, implorando por misericórdia, e, para aumentar ainda mais seus sofrimentos, vêem seus filhos desencarnados, chafurdados no lodaçal fedentino de um pântano na crosta terrena, acusando os pais como causadores de suas desgraças, devido a desarmonia constante no lar, a separação do casal e a carência de amor e atenção dos quais foram vítimas." (ALVES, 1985, p. 99).

Do exposto, vale ressaltar que o texto constante do Evangelho Segundo o Espiritismo não está desobrigando ninguém dos compromissos assumidos no campo espiritual, no que se refere às nossas responsabilidades para com nossos cônjuges e filhos. Está, tão somente, esclarecendo que o divórcio é uma lei humana que viabiliza o amparo legal para as nossas decisões de não mais manter a união conjugal. Entretanto, as consequências espirituais de nossas decisões reclamarão nossas responsabilidades diante de toda infração às Leis Naturais, bem como o devido reajustamento e a necessária reparação. Para isso, o processo reencarnatório é o meio pelo qual a Natureza executa a Lei de Justiça, a Lei de Causa e Efeito e a Lei de Amor, norteadoras e mantenedoras da marcha humana rumo à evolução.

Diante desses fatos, parece no mínimo interessante refletirmos sobre as crises de incompatibilidades de gênios ou coisa parecida, e dedicarmos um pouco mais de atenção aos nossos relacionamentos, vislumbrando a possibilidade de conciliação. Devemos não esquecer de que as marcas de uma separação podem não cicatrizar com o tempo e pode nos trazer de volta a pessoa não

---

[9] A transcrição respeita ipsi literis a obra citada. Entretanto, é bom ressalvar que nós não temos espíritos. Nós somos espíritos que possuímos, temporariamente, um corpo. Na expressão acima, talvez, fosse mais correto dizer: "Hoje, já desencarnados e arrependidos, os espíritos que animaram os corpos do casal separado se debatem nas trevas..."

amada nos inúmeros e infindáveis ciclos da vida, até que findemos as pendências remanescentes do passado irresponsável e delituoso.

Não menos grave é a questão que envolve os filhos da consanguinidade. A bibliografia espírita está eivada de casos que reportam propostas de amor que são transformadas em ódios e perseguições duradouros. Mesmo que a grandeza moral dos filhos atingidos pelo desamor do casal desfeito não permita o surgimento de obsessões terríveis contra os pais, o simples fato de lhes ter negado amor é suficiente para que a consciência paterna e materna indique uma infração ao contrato assumido.

Na dúvida do que fazer diante de uma convivência conflituosa, busquemos no Cristo a indicação redentora sugerida à Joana de Cusa: "Joana, [...]. Agradece ao Pai o haver-te julgado digna do bom trabalho, desde agora. Teu esposo não te compreende a alma sensível? Compreender-te-á um dia! É leviano e indiferente? Ama-o, mesmo assim. Não te acharias ligada a ele se não houvesse para isso razão justa. [...] (CAMPOS e XAVIER, 2006, p. 122).

O SIGNIFICADO DA VIDA

Neste mundo só há duas tragédias – uma é não conseguir o que se quer, a outra é conseguir.

Oscar Wilde

Harold Kushner é um rabino norte-americano que publicou, em 1986, o livro intitulado When All you've Ever Wanted Isn't Enough, traduzido para o português com o título "Quando tudo não é o bastante" e publicado pela Nobel, em 1999. No primeiro capítulo, Kushner traz o tema "O que devo fazer da minha vida?". Aborda situações cotidianas e nos remete a uma questão que muitas vezes nos passa despercebida: o que estamos fazendo das nossas vidas?

Kushner transcreve em seu livro um pensamento de Oscar Wilde, que diz: "Neste mundo só há duas tragédias: uma é não conseguir o que se quer, a outra é conseguir". Alguém já disse que um dos grandes paradoxos da vida é viver e morrer pela mesma coisa – o desejo. O desejo pode levar o homem ao sucesso, mas também à derrota. É pelo desejo que o homem vive e morre. Mas não podemos deixar de desejar. O desejo é a força que impulsiona o progresso dos homens. Então, só nos resta aprender desejar. E saber desejar passa pela consciência de que o desejo não deve objetivar apenas interesses materiais imediatos; deve ter um fundamento holístico, visando atender, também, aos interesses da essência humana: o Espírito.

Conta Kushner que havia um jovem que alimentava três desejos: ser famoso, ter muito dinheiro e casar-se com uma linda mulher. Aos trinta anos de idade tinha conseguido todos. E agora, o que faria do restante de sua vida? Esse dilema me faz lembrar o saudoso Raul Seixas que cantava: "... longe das cercas embandeiradas que separam quintais, existe uma porção de coisas grandes pra conquistar e eu não posso ficar aqui parado".

O desejo é importante quando imprime um sentido nobre e um significado digno à nossa existência, como filhos de um Deus Bom e Justo. Esse é o desejo positivo, que marca a passagem de quem deseja pelo mundo dos vivos. Inclusive, talvez seja este o maior de todos os desejos: fazer-se presente hoje e eternizado amanhã, marcar nossa passagem pelo mundo de forma a deixar registradas as nossas pegadas na areia do tempo, para que a posteridade possa escrever numa lápide: "aqui jaz alguém que fez valer a vida".

Diferentemente, o desejo egoísta e mesquinho que visa tão somente a satisfação imediata perde-se no desgosto de um sucesso sem sentido e significado indigno de uma vida que deve ser vivida sempre em função da grandeza do seu Criador. A vida tem me ensinado que o pai de todos os desejos parece ser o de dar sentido e significado ao próprio desejo.

Jung, em seu livro O homem Moderno à Procura de Uma Alma, diz que o problema de cerca de um terço de seus pacientes não é diagnosticado clinicamente como neurose, mas como uma resultante da falta de sentido de suas vidas. Defende que isso pode ser definido como a neurose geral de nossa época (KUSHNER, 1999).

Entendo que nenhum psicanalista tem o poder de atribuir sentido à vida de seus pacientes; que cada um de nós é responsável pela vida que temos, bem como pela que queremos ter. Kushner (op. cit.) diz que por mais habilidoso que seja o terapeuta, o máximo que ele pode fazer é desamarrar alguns dos nós emocionais nos quais nos amarramos e nos trazer de volta ao zero. Ou seja, o trabalho do psicanalista é destruir o que construímos de maneira torta. Mas construir o edifício emocional correto é-nos tarefa intransferível.

O trabalho de atendimento fraterno nas casas espíritas pode ser comparado às consultas com terapeutas, no sentido em que ouvimos os problemas e aflições dos consulentes e os orientamos, à luz da Doutrina Espírita, sobre o que fazer para retomarem as rédeas de suas emoções, de suas vidas.

Tenho advertido aos que me ouvem em cursos e palestras, sobre a necessidade de melhor vigiarmos nossos desejos para que não anelemos o momentaneamente inatingível e alimentemos emoções de caráter duvidoso, o que seria lenha na fogueira de nossos kármicos distúrbios de ordem psíquica.

Inúmeros são os casos de atendimento fraterno em que os consulentes buscam na Casa Espírita a solução dos seus problemas, muitos deles ligados à área afetiva, causados por anelos desarrazoados e muitas vezes indignos. Problemas cuja gênese é facilmente identificada em comportamentos imprevidentes e muitas vezes irresponsáveis.

Não raro, quando em atendimento a pessoas que nos procuraram na casa espírita em busca de solução para seus problemas, costumava chocá-las dizendo: "O Espiritismo e os Espíritos não resolvem problema de ninguém". Surpresas, elas diziam: "Então, o que vim fazer aqui?" E eu respondia: "Aqui você vai encontrar a orientação necessária para, utilizando-se dos recursos que a Natureza te concedeu, como a inteligência, a saúde física e mental, o trabalho, a família, os amigos, a religião etc., adquirir o entendimento que proporcionará a solução dos problemas existentes e evitar novos".

Nesse sentido, uma das principais funções da orientação espírita é dotar-nos da capacidade de entender as leis da vida e produzirmos valores positivos que reforcem o seu sentido, favorecendo-nos uma existência plena de significados nobres e dignos.

Para o Espiritismo, o sentido da vida é, antes de tudo, caminhar no rumo do aperfeiçoamento espiritual, o que se dá pela elevação dos níveis de moralidade, intelectualidade e afetividade; todo o restante virá por acréscimo. Quando não atentamos para esse fato, encontramos a razão para a pergunta daquele jovem que aos trinta anos não via mais sentido para a sua vida. E como ele, há muitos que não percebem que longe das cercas embandeiradas que separam nossos quintais existe uma porção de coisas grandes para conquistarmos e que não devemos ficar parados esperando a morte chegar.

Talvez, se o significado da vida fosse tema não só das casas religiosas, mas também dos centros de saber acadêmicos, tivéssemos menos gente se perguntando sobre o que fazer de suas vidas ou se frustrando com objetivos atingidos e desejos não saciados. Porque dar sentido às nossas vidas é tarefa universal que urge seja diária.

Todavia, o que parece prevalecer nos tempos atuais não é essa busca pelo ser holístico e consciente da valorização sistêmica (corpo e alma), que favorece o sentido da vida. A própria ciência nos induz ao esquartejamento do conhecimento. A medicina há muito não trata do homem, mas de seus órgãos; as academias de ciência reforçam tanto a necessidade da especialização, a ponto de se perder o referencial macro; as técnicas para a profissionalização dos homens de negócios enaltecem a conquista do outro como uma presa; o objetivo não é conquistar as pessoas, mas o cliente em potencial que representam. Kushner (1999, p. 16) entende que "as forças da sociedade não nos permitem ser pessoas inteiras porque somos mais úteis para elas quando uma parte de nós é superdesenvolvida. Como cães de caça que são treinados para trazer a ave morta na boca sem a morder, tornamo-nos úteis à sociedade pela negação de nossos instintos saudáveis".

Dessa forma, na dialética da vida em sociedade, estamos abrindo mão ou sendo forçados a abandonar nossos valores mais saudáveis em prol de desejos "inadiáveis" ou de exigências inexplicáveis. Até quando vamos ter que negar nossas convicções de ordem espiritual em prol dessas exigências que nos concederá um lugar ao sol? Até quando teremos que abdicar do organismo em prol do órgão e amargar a falta de sentido e significado da nossa vida?

Para Kushner (1999, p. 18) "a necessidade do significado não é uma necessidade biológica [...]. E não é também uma necessidade psicológica [...]. É uma necessidade religiosa, uma sede fundamental de nossas almas. Assim, é para a religião que nos devemos dirigir se quisermos encontrar as respostas". Nesse sentido, diz o antropólogo americano Clifford Geertz que não é por uma indução baconiana[10] da experiência diária que devemos abordar esse tema, mas, ao contrário, por uma aceitação prévia da autoridade que transforma essa experiência – Deus (GEERTZ, 1978).

---

[10] Referência ao filósofo empirista inglês James Bacon.

DIFERENÇA VIBRATÓRIA

Não é possível obter sintonia vibratória unicamente com comportamentos estereotipados e posturas programadas antes, durante e ao término de uma tarefa espiritual, mas, sim, quando conseguirmos nos contextualizar no Universo.

Hammed – Espírito

A boa leitura é mesmo um bálsamo sobre as mazelas da ignorância, ao mesmo tempo em que favorece a sintonia com as esferas superiores da espiritualidade. No livro "Os Mensageiros", André Luiz nos relata a diferença vibratória entre Nosso Lar e Campo da Paz[11], duas colônias espirituais que apresentam características distintas. É sobre essa diferença vibratória que refletiremos nas linhas que se seguem.

No diálogo entre André Luiz e Cecília, esta se refere a Nosso Lar como um desses lugares onde reina a harmonia e o progresso, no que foi refutada por André, que diz que lá também se tem trabalho duro com os muitos sofredores que choram os erros cometidos; que as câmaras retificadoras são lugares que exigem muito dos que a elas se dedicam.

Entretanto, diz Cecília, enquanto vocês trabalham os sofredores, nós, em Campo da Paz, trabalhamos os obsessores. Com a agravante de que aquela colônia (Campo da Paz) fica mais próxima da atmosfera terrestre. Se a proximidade do campo

---

[11] - Será conveniente utilizarmos a locomoção. A atmosfera começa a pesar muitíssimo e não devemos andar muito distante de Campo da Paz. Não precisaremos ir até lá; todavia, descansaremos no Posto de Socorro. Encontraremos, ali, os recursos Indispensáveis.

– Mas, que é isto? — perguntei, admirado da profunda modificação ambiente.

– Estamos penetrando a esfera de vibrações mais fortes da mente humana. Achamo-nos a grande distância da Crosta; entretanto, já podemos identificar, desde logo, a influenciação mental da Humanidade encarnada. (Os Mensageiros, item 15 – A Viagem).

magnético do planeta Terra já é agravante para o trabalho numa colônia espiritual, imaginemos o que é trabalhar imerso no próprio! Pelas palavras de Cecília, podemos imaginar o peso da atmosfera terrestre, putrefata e enormemente contaminada com eflúvios de obsedados e obsessores que se digladiam!

As informações trazidas aos encarnados por André Luiz em suas obras devem refletir em nossas mentes o tamanho da responsabilidade sobre nossos ombros; com ênfase aos espíritas, que tanto temos recebido, e de quem certamente muito se espera em prol da harmonização das energias reinantes neste orbe. Urge despertemos da nossa catalepsia ante os chamamentos de Jesus para o trabalho de esclarecimento das verdades espirituais que a Doutrina Espírita nos favorece, as quais grande parte da humanidade ainda desconhece.

É fato que o pior cego é aquele que não quer ver; mas que a cegueira de outrem não nos sirva de desculpa para não trabalharmos em favor do planeta. Lembremos as admoestações de Bacelar apresentadas no item 23 (Vida Social) da obra supracitada, onde nos adverte das eternas contradições em que vivemos, sempre fugindo do trabalho devido: uns porque têm muitas responsabilidades e o tempo lhes falta; outros porque amealharam tanto ouro que precisam montar guarda sobre ele; outros, que nada amealharam, não podem porque a revolta não lhes permite; outros não podem porque são muito jovens; outros porque são velhos; os casados acusam a família de lhes tomar o tempo; os solteiros acusam a falta da família para lhes dar o devido apoio; os doentes não podem; e os sãos não precisam! E nós, onde nos encaixamos?

Faz-se necessário que nos posicionemos entre aqueles que servem com o que têm, com o que podem; e que sirvamos ao menos com as sobras do que recebemos. Para trabalhar na seara do Cristo só precisamos de nós mesmos, da boa vontade, do compromisso com os ideais cristãos. Os que não têm tempo sirvam com o que têm; os que nada têm usem o tempo; os sãos usem a saúde; os doentes dêem o exemplo da paciência e da abnegação; os casados usem a dedicação à família para encaminhá-la no bem, ao mesmo tempo em que dá exemplo a outros lares; os solteiros usem o tempo que têm para levar ajuda a quem precisa ou alicerçar a futura família; enfim, para servir ao Cristo só se precisa querer.

Quanto à atmosfera fluídica da Terra, devemos ter consciência do peso vibratório que ela exerce sobre nós, com os seus ares viciados e miasmas peculiares. Mas, acima de tudo, que tenhamos a consciência de que a proteção divina está sempre disponível, se a buscarmos por nossas orações e ações cristãs, a nos fortalecer e capacitar para a vitória sobre tudo que jaz sobre nós, possibilitando-nos a consecução de um trabalho sério no bem que Deus espera que façamos.

O trabalho é árduo e difícil. Mas o próprio Jesus já havia advertido das asperezas do caminho para quem O segue. A porta é estreita, mas a vitória é certa. Caminhemos, então, sob as vibrações da vida terrena para que possamos lograr os ares da espiritualidade numa atmosfera sadia e propícia à união, à compreensão e ao amor. Sabemos das dificuldades, mas também sabemos da recompensa. Avante, companheiros de jornada, que as promessas do Mestre Jesus nos esperam em ambientes eivados de ares salutares e convidativos à formação do Seu Reino de amor e justiça.

ESPÍRITOS PROTETORES

O Espírito Protetor é obrigado a velar sobre vós porque aceitou essa tarefa, mas pode escolher os seres que lhe são simpáticos. Para alguns é um prazer, para outros uma missão ou um dever.

L. E. Questão 493[12]

"Nascer, morrer, renascer ainda e progredir sempre". Esta frase, que consta da lápide de Kardec, induziu-me a outra: questionar, aprender, voltar a questionar e aprender sempre.

Durante uma reunião de estudos de O Livro dos Espíritos, alguém perguntou se nosso anjo protetor é sempre o mesmo ou se ele pode mudar. Vejamos o que nos diz a questão 494, desse livro: Pergunta: "O Espírito Protetor está fatalmente ligado ao ser confiado a sua guarda?" Resposta: "Ocorre, frequentemente, que certos Espíritos deixam sua posição para executarem diversas missões; mas, então são substituídos".

Atentemos que a resposta não condiciona a substituição do Espírito Protetor ao desencarne do protegido. Do que podemos inferir que a substituição pode ocorrer durante o desenrolar da vida orgânica; que não significa seja definitiva.

Creio que a escola seja uma boa comparação para entendermos a experiência espiritual sobre a Terra e suas consequências. Tendo isso por certo, questionemos: o que ocorre com os alunos que atingem as médias requeridas para uma determinada série escolar? Óbvio: mudam de série e, consequentemente, de professor. Na nova série, outros professores lhes trarão novos ensinamentos, novos desafios e novas vitórias. Para o Espírito que atinge determinado ponto de evolução, faz-se necessário que novos horizontes lhe sejam traçados. E isso vale tanto para o orientando quanto para

---
[12] L. E. – Livro dos Espíritos

os orientadores; neste caso, Espíritos Protetores. É o que podemos apreender da questão 494, supracitada.

Façamos, então, outra pergunta: como saberemos se nosso protetor mudou? É possível saber disso? A questão 504, da mesma obra, nos traz a seguinte pergunta: "Podemos sempre saber o nome do nosso Espírito Protetor? Resposta: "Por que razão quereis saber sobre nomes que não existem para vós? Credes, então, que não haverá entre os espíritos senão aqueles que conheceis?" [...].

De que nos adianta, ou interessa, saber se nosso protetor é o fulano ou o beltrano? Será que o fato de conhecermos o nome de quem nos orienta vai definir o nosso comportamento? Acredito que não! O que devemos saber, e que de fato nos interessa, é que independente de quem seja o protetor, devemos primar sempre pela revisão constante de nossas atitudes, de nossos pensamentos, hábitos e comportamentos, para que tenhamos cada vez mais acesso às intuições advindas daqueles que nos protegem e que velam por nós, quer saibamos ou não quem são. Afinal, não é o nome do protetor que vai garantir maior ou menor sucesso em sua tarefa, mas a nossa intenção de mudar para melhor, auxiliado por esses amigos devotados, que comumente evocamos como anjo de guarda.

Entretanto, se muito nos interessa saber se mudou nosso amigo espiritual, podemos atentar para fatos, como os que nos narrou certa vez uma colega que fazia parte de um grupo de desenvolvimento mediúnico no Cenáculo Espírita Casa de Maria, em Recife. Ela nos contou que houve um tempo em que ao dirigir-se ao seu Espírito Protetor, sentia estar diante de alguém que detinha certa ascendência sobre ela, como um pai, um mestre ou algo parecido. Depois de certo tempo, passou a não mais sentir tal sensação, ao contrário, passou a perceber-se diante de um amigo tão próximo, capaz de brincar com ela. Com esse novo contato, ela tinha a impressão de elevar-se nos momentos de oração, como se alguém tivesse fazendo-a levitar. Noutras vezes, parecia que alguém lhe embalava como uma criança num balanço.

O que deve ficar dessas experiências é que o anjo de guarda é sempre um Espírito amigo que vela por nós nos vários momentos de nossa existência, quer saibamos, acreditemos ou não; e nosso contato com ele será maior quanto melhor for nossa sintonia. E essa sintonia aumenta quanto mais perseveramos no bem, na manutenção dos momentos de oração e devoção sinceras, na execução diária das práticas cristãs, o que nos darão condições de apreendermos suas orientações intuitivas. Saber seu nome não é importante, mas saber interpretar suas orientações é imprescindível.

INTUIÇÃO

A intuição é como qualquer outra aptidão.
Quanto mais você a usa, mais se aprimora e
ganha autoconfiança, e mais suave é sua jornada.

James Van Praagh

Há vezes que, imersos em problemáticas aparentemente insolúveis, sentimo-nos sozinhos no mundo. Pensamos que o nosso problema é o maior entre todos e que nunca o resolveremos. E como num passe de mágica, a solução se nos aparece e tudo se resolve. Por que isso acontece? O que é que faz com que a solução nos apareça quando tudo parece estar perdido?

Para essa pergunta há muitas respostas e todas com um mesmo sentido, conforme nos orienta Kardec na questão 459 de O Livro dos Espíritos, quando inquiriu o Espírito Verdade quanto à influência dos Espíritos sobre os nossos pensamentos, e aquele lhe disse que eles (os espíritos) influenciam nossa vida muito mais do que cremos; que na verdade, na maioria das vezes, são eles quem nos dirigem. Não há nisso nenhum exagero. Somos alvos da ação espiritual vinte e quatro horas por dia (graças a Deus!).

Se você pensou, ao ler essa última frase, que não deve dar graças a Deus pela ação dos Espíritos sobre você, de duas uma: você não tem consciência do que seja essa ação ou a ação que você está recebendo não é benéfica! Neste caso, uma boa revisão de seus princípios de vida, o que chamamos de reforma íntima ou moral, é um bom começo para sentir-se protegido pelos benfeitores espirituais que nos acompanham e que desejam tanto ajudar.

Pois bem, considerando a eficaz e permanente ação dos espíritos sobre nós, resta-nos saber quando estamos sendo alvos da ação espiritual. Para iniciar nossa reflexão, sabemos que todo ser humano, desde a concepção, goza da proteção de um amigo espiritual comumente chamado de anjo da guarda, guia, mentor ou de qualquer outro nome. Além desse amigo próximo, que geralmente nos acompanha desde outras encarnações, contamos também com outros espíritos simpáticos que se aproximam de nós por afinidade moral, todos tentando nos auxiliar.

Mas como nos comunicar com esses amigos se não os vemos e não os ouvimos? Pela intuição, principalmente, é a resposta. A intuição, como denomina Praagh (2001), é o nosso sexto sentido, é o nosso terceiro olho ou visão extra-sensorial. Mas podem os Espíritos também se comunicar conosco durante o sono, quando o "nosso espírito", ou melhor, quando nós nos desprendemos do corpo físico, que precisa descansar para recuperar suas energias.

Nesse momento, desprendidos do invólucro carnal, contatamos esses amigos abnegados e colhemos informações e admoestações valiosíssimas para as nossas tarefas diárias. Quem um dia já não foi dormir com um grande problema e acordou com a solução?

Certa vez, quando vivia uma fase de sérios problemas familiares, acordei com uma ideia fixa que me mandava ligar para uma pessoa que estava gerenciando um processo de extrema importância para a solução dos meus problemas. Não entendia o porquê daquela ideia, não havia nada para dizer-lhe. Passei a manhã com aquela sugestão me martelando os miolos até que no meio da tarde resolvi ligar. Ao ouvir minha voz, a pessoa disse: "- Puxa vida, foi Deus que mandou você me ligar. Estou desde ontem querendo falar contigo e não consigo (...)."

Já me perguntaram se a intuição é um tipo de mediunidade. Considerando que mediunidade é o processo que permite a comunicação entre os dois planos da vida (material e espiritual) a resposta é sim. Não é a mediunidade comumente considerada como a psicografia, a psicofonia, a pictografia etc., mas é um processo mediúnico distinto, nem melhor nem pior que qualquer outro, apenas um processo que exige uma acurada percepção mental do fenômeno dito extra-sensorial.

Além do sono, os espíritos também se comunicam durante o nosso estado de vigília, acordados. E isso ocorre com grande frequência, embora não interpretemos como tal. Normalmente, dizemos que foi um insight. "– Fui acometido por uma ideia que nunca pensei que fosse capaz de tê-la." Geralmente é assim que agimos.

Como vocês podem perceber, tenho o hábito de escrever. E não raro sento à frente do computador e fico olhando para a tela como que tentando ler algo para escrever e não vejo nada. Apelo para os arquivos acásicos[13] e os mesmos parecem vazios, não vem nada. Então me levanto, desligo a máquina e vou fazer outra coisa qualquer.

Outras vezes, mesmo estando no trânsito ou executando alguma atividade no trabalho, explode uma luz na minha cabeça com um tema quase pronto. Então vou ao computador ou pego um papel e uma caneta e começo a escrever; em poucos minutos o texto está pronto. Se não o faço de imediato, depois não adianta mais, a ideia foi embora. Isso é intuição, isso é comunicação entre espíritos encarnados e desencarnados.

Talvez você esteja pensando que tudo isso seja "conversa pra boi dormir", invenção, crendice ou então que eu seja um privilegiado. Nem uma coisa nem outra. Fatos como esses já extrapolaram a Doutrina Espírita e estão sendo divulgados por autores não espíritas. Mas isso não é o mais importante. O que interessa é que as verdades espirituais são reveladas a cada dia.

A invasão organizada iniciada no Séc. XIX, conforme assim denominou Arthur Conan Doyle (PIRES, 1995), deve prosseguir até que o objetivo maior seja alcançado: a espiritualização do homem, quando este, tendo desenvolvido igualmente o tripé

---

[13] Arquivos Acásicos ou Akashicos podem ser entendidos como uma memória da natureza, um arquivo cósmico onde são guardados todos os eventos e acontecimentos desde o princípio dos tempos. Todos os atos humanos, naturais e cósmicos geram marcas que ficam gravados numa memória do Universo.

de sustentação da evolução humana – afetividade, moralidade e intelectualidade – possa olhar para si mesmo e se ver não apenas como um simples humano, mas o ser humano que o Criador espera que sejamos, amplos, completos, integrais e libertos dos enganos que a ignorância proporciona.

MEDITAÇÃO

Os fluidos salutares decorrentes da oração e do amor fraterno de todos nós anestesiar-lhes-ão os centros psíquicos, de alguma forma atenuando a aflição que os golpeia continuamente. O Senhor não deseja a punição do infrator, mas a sua reeducação com vitória sobre a infração.

Bezerra de Menezes

O processo intuitivo, apesar de contar com a colaboração da intelectualidade do médium, não é um processo racional. Não temos como controlar os resultados da intuição e garantir os resultados esperados, principalmente se esses resultados não forem de profunda isenção pessoal e voltados para o bem.

Para que possamos estar cada vez mais aptos a receber por meio da intuição as respostas desejadas, é imprescindível que estejamos sempre em harmonia com a consciência e estabelecer um sistema de forças que favoreçam o equilíbrio do sistema corpo-alma.

Esse equilíbrio se dá quando temos em mente a realização do bem e trabalhamos pela aniquilação do mal, quer em ação quer em pensamento. Nesse sentido, a meditação é uma forma de mantermos o equilíbrio corpo-alma. Meditar é fugir das atribulações do cotidiano para um campo da nossa mente onde não haja espaço para as preocupações diárias, para o preconceito, para as crenças desarrazoadas ou qualquer outro sentimento menos digno.

É o encontro de você consigo mesmo, através da uma viagem interior, buscando as relações que facultem encontrar o mundo que você gostaria que existisse lá fora. É a busca da dimensão espiritual que habita este corpo que dizemos ser nosso. Quando meditamos, vivenciamos uma experiência numinosa[14] que não pode ser descrita nem sentida por ninguém além de nós mesmos. É o encontro do Ser com sua essência.

É através da meditação que normalmente encontramos Deus da forma que imaginamos que ele seja; do tamanho da nossa expectativa, dos nossos sonhos, das nossas ilusões e dos nossos desejos. Alguns vêem um Deus barbudo e carrancudo, assim criado pelo próprio sentimento de culpa que nos envolve, por sermos sabedores das nossas deficiências morais; outros vêem um Deus sorridente, de braços abertos, mas parado, esperando que encetemos a caminhada que nos levará aos seus braços, num convite terno e eternamente disposto a nos receber; outros ainda não vêem nada além de paisagens desconhecidas, de rostos distantes ou mesmo a própria imagem refletida em sua tela mental sem muito a lhe dizer.

Meditar é isso – ou quase isso. É a busca de um mundo que existe em nós, dos objetos de nossos desejos e da solução para as nossas inquietações. Talvez ao meditarmos não encontremos ainda Deus, mas a nossa própria imagem como que refletida no espelho da vida a nos dizer do não cumprimento da missão de nos amarmos mutuamente. Mas isso é só o começo! A prática da meditação pode nos levar à prática do bem e consequentemente ao Criador.

Para atingirmos um melhor desempenho ao meditarmos são necessárias algumas considerações: primeiro, temos que nos desligar do mundo exterior, esquecermos os problemas momentaneamente (não é fácil, mas não é impossível) e imaginarmos o mundo que desejamos. Para facilitar o descolamento do mundo real para o mental, podemos fazê-lo através da imaginação de uma paisagem que represente nossos anseios. Em segundo lugar, faz-se necessário livrar-

---

[14] Númeno – o que é apreendido pelo pensamento. Na Filosofia de Kant, termo que designa a realidade considerada em si mesma, independente da relação de conhecimento, podendo apenas ser pensada, sem ser conhecida. Opõe-se a fenômeno, que designa o objeto sensível precisamente enquanto objeto da experiência. É a causa externa da possibilidade do conhecimento, embora seja, enquanto tal, por definição, incognoscível (JAPIASSU e MARCONDES, 1990).

se no lixo emocional que nos prende ao passado e antecipa o futuro. Temos que viver o presente preparando o futuro. Meditar, assim como viver, é uma prerrogativa do presente da qual depende o porvir.

Enquanto fazia minhas primeiras meditações, seguindo a dinâmica de estudos da AMORC[15], imaginava-me saindo do corpo físico a partir do alto da minha cabeça, levitando devagar e ascendendo vagarosamente. A certa altura, me via sentado na posição em que me encontrava, olhava em volta e tudo que estava no ambiente. Para o alto via uma alameda reta e longa margeada por arbustos verdejantes que me convidavam para um passeio entre eles. Levitando, eu volitava pela alameda e me sentia distanciar do meu corpo, às vezes olhava para traz e via a Terra diminuindo. Via o telhado das casas, as copas das árvores, o movimento das ondas do mar, o movimento das ruas, a circunscrição da cidade, outras cidades, os limites dos continentes e por fim a bola azulada envolta na camada atmosférica.

Ao passo que eu subia volitando pela alameda imaginária, não via a parte que ficava para traz. Onde eu estava era sempre o início e para frente o infinito era seu limite.

Em determinado ponto da viagem não conseguia distinguir mais nada lá embaixo. Tudo era azul. À minha frente iam surgindo algumas construções. Inicialmente um arvoredo grandioso e exuberante circundava uma construção alterosa e portões brancos e enormes se abriam à minha aproximação. Não via ninguém. Apenas sentia no rosto uma brisa fresca que me lambia as faces e nos pés o frescor da relva orvalhada.

Adentrava por aquele portão majestoso e invadia a suntuosidade do ambiente. Tudo parecia calmo e impecavelmente arrumado. O farfalhar do vento nas folhas movimentava minha atenção para cá e para lá. Uma escadaria me convidava a penetrar naquele ambiente pelo segundo piso. Subia-a degrau a degrau sem descuidar-me da beleza exterior.

---

[15] AMORC – Antiga e Mística Ordem Rosa Cruz.

Ao cruzar o pórtico, via-me num salão singelo, mas delicadamente ornamentado; um conjunto de sofás próximo ao meio de uma parede. Sobre ele um janelão vítreo que permitia minha visão para um pomar onde vacas e ovelhas pastavam calmamente.

Das paredes pendiam quadros grandes que não lembro o que representavam. O assoalho era uma espécie de taco avermelhado de cor escura que refletia todo ambiente. De uma porta surgia um ancião sorridente e afável que vinha ao meu encontro e me cumprimentava com um abraço e considerações efusivas e ternas. Sentávamos e conversávamos.

Não sei quem era o meu anfitrião. Não identificava suas feições em ninguém que conheço, mas sei que nos conhecemos e nos gostamos; do contrário, nada daquilo seria possível. Não lembro o que falávamos, mas era muito agradável o diálogo. O colóquio demorava até que uma voz sussurrante me indicava a hora do retorno.

Ao sair não via mais o entorno da casa. Via-me já naquela alameda e a Terra crescendo diante dos meus olhos até que entrava em casa pelo telhado e me via sentado aguardando o meu retorno.

Ao abrir os olhos, era como desembarcar de uma nave após uma longa e gratificante viagem. Estava feliz e confortado, embora não lembrasse o que havia sido o afável colóquio.

A meditação nos aproxima de dois polos do ser humano: o interior, onde reside nossa essência espiritual; e o exterior, onde estão nossos amigos espirituais que acompanham nossa jornada diária desde o início e até o final dos tempos. A meditação, ao mesmo tempo em que nos leva para uma viagem interior, nos impulsiona para fora ao encontro das almas que se aproximam de nós pela natural Lei Natural de Afinidades. Quanto mais meditamos e desenvolvemos os melhores sentimentos, mais atraímos essas presenças que nos amam e que tentam ininterruptamente auxiliar-nos pela intuição.

Certa vez, quando estava construindo a possibilidade de me transferir para a cidade de Brasília-DF, me vi numa situação bastante desconfortável. Como precisava resolver algumas pendências de ordem prática na cidade, como visitar apartamentos, colégios para as crianças etc., um amigo me emprestara seu carro. Aí fiquei com a ferramenta que precisava nas mãos e sem saber como usá-la. Não conhecia a cidade. Havia pegado algumas chaves de apartamentos para visitar antes de escolher um deles. Ao receber as chaves na imobiliária, o rapaz, muito bondosamente, me orientou a seguir pela L4, após a segunda ponte pegar a L2, ir até a quadra 610, desviar para a quadra 414... Na minha cabeça aquilo virou uma sopa de letras e números. Aquilo não era um endereço, mais parecia uma equação de enésimo grau que eu tinha que resolver.

Pois bem, ao sair da imobiliária perguntei se para seguir aquela "expressão algébrica" deveria ir para a esquerda ou para a direita, ao que me respondeu, esquerda. Dei partida no carro, não antes de fazer uma mentalização e expedir, em caráter de urgência, um pedido de apoio aos irmãos que poderiam me auxiliar naquele momento.

Dirigi pelas ruas como se estivesse pilotando entre taças de cristal: lenta e cuidadosamente para não tocá-las. E o interessante era que eu entrava em determinadas vias e me perguntava: por que entrei aqui? Não sei, mas alguma coisa me diz que é por aqui. A intuição, como disse James Van Praagh em seu livro O Despertar da Intuição, é a sensação de algo que você sabe que sabe, mas não sabe como sabe. E agindo assim, confiando na minha intuição cheguei a todos os lugares e resolvi todos os problemas.

É salutar que aprendamos desenvolver a intuição e confiemos nela para facilitar a convivência e a resolução de muitos fatos ditos problemáticos. A intuição é a mais refinada forma de mediunidade. É por seu intermédio que os benfeitores espirituais se comunicam conosco e podem nos auxiliar, se lhes favorecermos as condições mínimas para o intercâmbio.

COMUNICAÇÃO COM OS ESPÍRITOS

> *Não se achará entre ti [...] nem encantador, nem necromante, nem mágico, nem quem consulte os mortos; pois todo aquele que faz tal cousa é abominação ao Senhor; e por estas abominações o Senhor, teu Deus, os lança de diante de ti.*
>
> **Deuteronômio 18.10-12**

Moisés, a primeira revelação de Deus aos homens, estava certo quando escreveu o capítulo "Contra os adivinhos e feiticeiros" do livro Deuteronômio – Dt. 18.9-14 (ALMEIDA, 1993).

O Espiritismo ratifica a orientação de que não se deve falar aos mortos. Entretanto, muitos daqueles que defendem os escritos mosaicos são os primeiros a se enfileirarem nas portas dos cemitérios e chorar sobre catacumbas e mausoléus, com a lembrança de um ente querido entre flores, num esquife que os serviu de último transporte até a tumba fria.

Aprendemos com os Espíritos Superiores que aquilo que vemos no féretro está realmente morto e com ele não devemos, nem podemos, falar. Mas o Espiritismo não se preocupa nem prega para quem morreu, mas para quem está vivo, haja vista que o objeto das preocupações espíritas nunca morre: o Espírito.

É com os espíritos desencarnados transcendentes e imortais que nos comunicamos desde que o mundo é mundo, inclusive o próprio Moisés, que com eles falava com frequência, recebendo as orientações que se eternizaram em seus livros bíblicos, a começar pelo Decálogo.

A comunicação com os espíritos não é privilégio do Espiritismo nem dos espíritas. Todo ser humano é passivo de comunicar-se com seus entes queridos – ou desconhecidos – que habitam a outra dimensão da vida. Não necessariamente por intermédio de outrem, mas por si só podem encetar um diálogo, uma conversação ou apenas a transmissão de uma mensagem, com a devida anuência dos irmãos superiores, sob a égide do Mestre Jesus e do Pai Celestial.

O espírito é basicamente energia e assim se desloca e se faz presente pelos meios em que as leis da Natureza lhe facultam. Dentre esses meios, o pensamento é o mais poderoso e mais comumente utilizado. O pensamento, ao contrário do que muitos acreditam, não é atributo dos bilhões de neurônios que detemos na caixa craniana. Estes são tão somente a ferramenta que favorece ao autor do pensamento – o Espírito – plasmar sua criação, bem como permite externar o que foi pensado.

Por várias maneiras, os espíritos podem fazer chegar orientações, admoestações, comunicações e respostas às nossas questões mais íntimas. Cabe-nos, porém, saber ouvi-las e interpretá-las. Não que sejam necessárias técnicas especiais para tal. Não é isso. O imprescindível é que abramos a mente para as possibilidades do espírito e as aceitemos sem preconceitos ou falso pundonor, baseados, muitas vezes, em crenças que nos prendem a um marasmo de ideias retrógradas e desconexas, em detrimento de esclarecimentos que podem nos levar, inexoravelmente, ao limiar de um mundo de compreensão e de luzes. O sonho, por exemplo, é uma das muitas formas que os espíritos utilizam para comunicarem-se conosco. Temos ainda a clarividência, a clariaudiência, a intuição, a psicografia etc.

Em novembro de 1999, separamo-nos de forma trágica de um irmão consanguíneo. Por um ato insano de um parente próximo, teve sua vida física arrebatada aos quarenta e três anos de idade, deixando para traz uma jovem esposa e duas crianças.

As questões materiais foram todas, de certa forma, resolvidas. Como se diz, "tudo se ajeita." Mas, e ele? Como estará? Onde estará? Com quem estará? São perguntas que, involuntariamente, fazemos e que não calam com o passar do tempo.

Algumas semanas depois do ocorrido, quando a vida me forçava a voltar à realidade material, tive um sonho peculiar. Via-me num ambiente estranho, desconhecido e de grande alvoroço. Parecia uma festa, uma recepção. Perambulava pelo ambiente sem saber o porquê de estar ali. Pessoas desconhecidas e atarefadas passavam por mim como se não me vissem. Caminhei até um corredor pouco iluminado e margeado por portas fechadas. Ao passar por uma delas, ouvi vozes que pareciam encetar uma animada conversação. Algo me chamou a atenção para aquela porta. Pus a mão no trinco e a porta cedeu. Era uma festa.

Ao contrário do corredor, o ambiente estava iluminado e bastante agitado. Muitas pessoas finamente vestidas, a maioria idosas, conversavam animadamente e serviam-se de uma farta mesa posta no centro da sala. Abri a porta o suficiente para perscrutar o ambiente sem ser visto. Alguns me perceberam bisbilhotando, mas não me deram a menor atenção. De repente, identifiquei um senhor de cãs prateadas e terno preto que conversava animadamente segurando um copo na mão. A cabeleira rente e alva, o rosto arredondado, estatura de um metro e sessenta centímetros, aproximadamente, aparentava uns oitenta anos de idade. Ao fixar-lhe o olhar, virou-se para a porta e, ao me ver, sorriu de soslaio e voltou à conversação.

Eu gelei de surpresa: era meu avô materno. Ao seu lado identifiquei minha avó e, mais à esquerda, um tio que havia desencarnado num acidente de automóvel quando eu ainda era criança. Esses não me viram. Dentre os demais participantes daquela tertúlia, não identifiquei mais ninguém de meu conhecimento.

Percebi que no canto esquerdo da sala, que ficava bem em frente à porta em que eu estava, havia uma escada que dava acesso a um segundo pavimento. Estava meio escuro o sopé da escada, não dava para identificar bem o que havia ali. Mas, de repente, alguém surge no alto dela. Os ânimos das conversas foram arrefecidos e todos dirigiram o olhar para o homem que descia lentamente, degrau a degrau. Primeiro surgiram seus pés em brilhantes sapatos pretos, suas pernas vestidas numa calça escura e bem alinhada, seu tronco encimado por elegante terno escuro e camisa branca aparecendo os punhos.

Ao surgir o rosto daquele homem senti um frenesi em todo o corpo, tremi e o reconheci: era o meu irmão. Quando da sua chegada, interromperam-se as conversações, houve muitas palmas e sorrisos e eu entendi que toda aquela festa era para recepcioná-lo no mundo ao qual acabara de retornar. Aliviado e com lágrimas nos olhos me afastei, fechei a porta e acordei.

Ao acordar lembrei – e nunca mais esqueci – todos os detalhes daquele sonho. Uma ideia me encheu a cabeça desde o primeiro momento: tudo aquilo era, na verdade, uma forma de me dizerem que meu querido irmão estava bem e entre amigos.

Certamente não devo crer que o sonho, como foi visto, tenha sido uma cópia de sua recepção na espiritualidade. Mas, é que os espíritos utilizam as imagens e os conceitos que temos do que é bom e útil para nos passar mensagens. Se um espírito amigo quiser informar, por exemplo, a um espírito encarnado, seu protegido, que conheça o avião como meio de transporte, de que fará uma longa viagem, poderá imprimir em sua tela mental um sonho em que se veja embarcando numa aeronave. Mas se esse protegido é, por exemplo, um pobre campesino que só conheça a montaria equina, certamente utilizar-se-á de um sonho em que o mesmo se veja cavalgando com destino incerto. Este não poderá sonhar com um avião se a imagem deste meio de transporte não existir em seus arquivos memoriais. Caso ocorra um sonho assim, talvez o nosso campesino se refira a esse sonho como Nostradamus se referia em suas quadras aos acontecimentos que previa: "... pássaros com nariz de porco e asas de ferro cuspiam fogo...", referindo-se aos aviões de guerra que conhecemos nos dias de hoje.

Conforme já dito pelo Espiritismo, Praagh (2001, p. 74) também escreveu que "Os espíritos ficam a nossa volta durante grande parte do tempo que passamos acordados, tentando utilizar nosso pensamento para nos influenciar a fazer coisas corretas" (e também as erradas), a depender das nossas vibrações e hábitos consuetos. "Somos inspirados e incentivados pelos espíritos todos os dias e de todas as maneiras, mas precisamos nos manter receptivos para liberar nossos canais de transmissão" (op. cit.). E para que sejamos influenciados para o bem é imprescindível que façamos por onde estar rodeados de espíritos bons e superiores a nos inspirar coisas boas.

AS MUITAS MORADAS

> *Há muitas moradas na casa de meu Pai; se assim não fosse, eu já vos teria dito, porque eu me vou para preparar o lugar e depois que eu tenha ido e que tenha vos preparado o lugar, eu voltarei e vos retomarei para mim, a fim de que lá onde eu estiver aí estejas também.*
>
> **Jesus**

Certa vez conversava com um amigo não espírita sobre como o Espiritismo vê o processo de crescimento espiritual da humanidade, quando fui inquirido do porquê, então, de a humanidade permanecer no estado deplorável (ipsis verbis) que vemos. Por que tanta maldade, tanta miséria, tanta descrença? Se a intenção da reencarnação é o aprimoramento da humanidade, dizia ele, a fórmula não deu certo. Não estamos vendo a humanidade se aprimorar em nada, pelo contrário, está cada vez mais decadente e abjeta.

Para entendermos a racionalidade do processo reencarnatório é interessante que aceitemos algumas máximas pétreas, visto que são pontos de partida e sem elas não chegaremos a nenhum lugar. Primeiramente, a existência de Deus com todas as suas virtudes, por exemplo: bondade, justiça, sabedoria, onipresença, onisciência, criador de todas as coisas sobre a terra e fora dela. Isso não é dogma, é a realidade, quer aceitemo-la, quer não.

Se considerarmos a existência de Deus, temos que considerar os seus atributos. Considerando os seus atributos, fazem-se necessárias algumas reflexões. Por exemplo: se Deus é Bom não pode cometer nenhum tipo de maldade. E a primeira maldade que Deus não teria cometido seria a criação do mal, logo o mal não pode existir, haja vista que Deu não pode tê-lo criado.

Mas o mal está aí, mundo afora! Então, quem o criou? O diabo! O diabo é o responsável pela criação do mal. Pronto, tudo resolvido! Põe-se a culpa no diabo. Mas quem criou o diabo? Sendo o diabo uma coisa ruim, má, não pode ter sido obra de Deus. Mas, segundo o meu amigo, o diabo existe, está por aí em algum lugar. Bem, se o diabo existe e não foi obra de Deus, então Deus não é verdadeiramente Deus, porque não tendo criado o diabo não teria criado todas as coisas. Alguém teria criado o diabo: uma força tão poderosa capaz de enfrentar o próprio filho de Deus (Jesus). Assim, teríamos outro Deus; o Deus do mal. Dessa forma, voltamos ao status quo do pensamento religioso. Estamos de novo no politeísmo, ou no Masdaísmo, ou no Zoroastrismo com duas forças se digladiando.

Porém, como dissemos no início, para chegarmos a algum lugar com essa reflexão, teríamos que considerar a existência de Deus com seus atributos. E considerando Deus com todas as suas virtudes, só podemos inferir que Deus sendo Bom e não tendo criado o mal, este não existe. O que nós vemos e chamamos de mal, na verdade é a ausência do Bem. Em todo espaço, físico ou mental, que não detenha a presença de Deus, ou seja, do Bem, se instala uma desorganização, onde o caos impera fazendo surgir uma urdidura de fatos contrários ao bem, que entendemos como sendo "o mal".

Ou seja, considerando que grande número de seres humanos se compraz em atitudes e comportamentos maléficos, temos que admitir que o mal, ou melhor, que essas pessoas experimentam a ausência do bem. Logo, são essas pessoas, consequentemente, as responsáveis pelas maldades que assolam o planeta. Nós somos os responsáveis pelo surgimento do mal, quando não cultivamos o bem.

Dessa forma, depende de nós que o nosso planeta se mostre promissor em matéria de bem. Nós é que temos que nos munir de pensamentos e atitudes boas para que o bem se mostre e prevaleça sobre o mal que produzimos ou ajudamos a produzir.

Será, então, que existem mais pessoas más do que boas sobre a Terra? Não acredito. O que há em maior número são pessoas vivendo uma fase de transição, onde o bem não se faz totalmente presente, mas já disputa espaço com o "mal" que pouco a pouco cede lugar ao bem.

Considerando que a Terra é um planeta de expiações e de provas, a maioria de nós ainda detém o germe da falta do bem que pouco a pouco se extirpa do nosso âmago. Mas enquanto isso não acontece em plenitude, somos levados por um sentimento de falta de amor que insiste em se manter em nossa mente por mais que nos esforcemos. E isso ocorre porque não vigiamos os nossos atos, palavras e pensamentos, e favorecemos a presença de espíritos impuros, ignorantes e contrários ao bem que, com nossa conivência, nos insufla ao desamor, ou seja, ao mal.

Façamos uma experiência. O que você prefere assistir na TV? Um filme de amor – considerado meloso – ou um filme de ação, cheio de tiros, socos, sirenes de polícia, carros se abalroando etc.??? Todo esse sentimento de adoração à violência nos induz à ela e a às suas consequências.

Mas a pergunta do meu amigo continua sem resposta: o processo reencarnatório está ou não contribuindo para o melhoramento do planeta? A resposta é sim, está.

Então, por que não conseguimos ver a melhora deste mundo e desta gente que o habita? A resposta é a seguinte: sendo a Terra um planeta de expiações e de provações, aqui permanecem os espíritos que ainda necessitam expiar ou provar alguma coisa, além dos que vêm em missão de orientação, testemunho de fé, abnegação e outras virtudes, como o próprio Jesus, o Buda, Francisco de Assis, Madre Teresa, Chico Xavier e outros.

Cumprida a missão que lhe foi confiada, e vencidas as misérias morais compatíveis com este orbe, o espírito se dirige para outros mundos mais avançados em amor, em conhecimento e em moral, para continuar o seu aprendizado e evolução rumo ao aprimoramento espiritual, até que se torne um "espírito integral", digno de ser comparado à imagem e semelhança do Criador. Por isso é que não percebemos tão claramente a melhoria do padrão vibratório do nosso planeta. Porque enquanto uns se vão, após terem se melhorado e vencido os limites deste planeta, outros vêm para aprender, melhorarem-se e seguirem para mundos mais avançados.

Mas, mesmo considerando que muitos desses espíritos que vencem a barreira do mal e gozam o direito de viverem em mundos felizes se dirigem para eles, deixando para traz a velha Terra eivada de males, afirmo que nosso mundo de silício, alumínio e magnésio tem experimentado grande melhoria.

Se compararmos a Terra de hoje àquela de quinhentos anos atrás, percebemos que a humanidade sofreu uma profunda evolução, principalmente no campo da intelectualidade e da técnica. E no campo da afetividade? Também, eu diria. Com o desenvolvimento do intelecto o homem passou a ver a vida com outros olhos. As atrocidades que outrora eram institucionalizadas, hoje se traduzem em atos individualizados e coibidos pelos poderes constituídos. São em menor número os governos ditatoriais ou tiranos em nossos dias. Os ideais democráticos da Grécia socrática se fazem presentes em muitos países do mundo.

Percebemos um esforço das autoridades em todo o planeta no sentido de melhorar as relações internacionais e interpessoais – salvo alguns deslizes. Muitos espíritos que ultrapassaram o limiar que os separava dos mundos felizes optam por permanecer no orbe terrestre (encarnados ou não), para multiplicar os conhecimentos e experiências adquiridos, com os irmãos que ainda recalcitram nos equívocos da vaidade, do orgulho, da maledicência, da falta de perdão, de caridade.

Precisamos, também, considerar a evolução quantitativa da humanidade encarnada, bem como a dos meios de comunicação.

Há quinhentos anos a Terra detinha algo em torno de um bilhão e meio de seres humanos. Atualmente, passamos dos sete bilhões. Na época do descobrimento do Brasil, uma notícia boa ou má levaria dias e até meses para ir de um lugar a outro, hoje a transmissão é imediata. Há vinte anos, nós brasileiros não sabíamos o que se passava nos bastidores da política, hoje a mídia escancara aos quatro ventos todos os mandos e desmandos dos nossos governantes. Foi o mal que cresceu? Não creio. Ao contrário, vejo como sendo o aumento da liberdade que promoveu uma maior divulgação dos comportamentos.

Somos, ainda, levados a considerar uma segunda virtude de Deus: a sabedoria. Se defendermos a ideia de que a Terra é um projeto falido, onde a humanidade projetada para ser a imagem e semelhança do seu Criador não passa de uma massa decrépita e fadada à ruína moral, temos que admitir a ineficiência de Deus e a sua consequente falência na obra terrena. Quem atira a primeira pedra?

O Espiritismo, como terceira revelação de Deus aos homens, vem remir a humanidade e retirá-la do jugo da ignorância espiritual, apontando-lhe a vereda que a levará ao caminho, à verdade e à vida. Um caminho de esclarecimentos, uma verdade sem mácula e uma vida produtiva de luzes e de felicidade. Não devemos esperar a salvação escatológica das velhas doutrinas, mas uma salvação perceptível pelo esclarecimento e pelo amor verdadeiro, sem hipocrisia nem meias verdades.

Ainda sobre a sabedoria de Deus, seria considerá-Lo extremamente pródigo, esbanjador e inconsequente, aceitar a Terra como único mundo habitado por seres de Sua criação. Para que Deus teria criado o Universo se não houvesse uma aplicação inteligente para tudo que nele existe? Seria incompatível com a Lei de Causa e Efeito que diz que para todo efeito inteligente há uma causa inteligente. Que causa inteligente produziria o efeito inócuo de um Universo sem aplicação, sem sentido?

Por fim, consideraremos a Justiça Divina. O processo reencarnatório é o maior exemplo da justiça de Deus para os homens. Nenhuma ovelha de meu rebanho se perderá, disse Jesus – Lucas 15. 3-7; Mateus 18. 10-14 (ALMEIDA, 1993). Como podemos refutar essas palavras de Jesus e alimentar a crença no castigo eterno, na perdição da sua criatura? É difícil entender o que se passa na cabeça de alguém que prefere acreditar numa letra, por mais sagrada que seja, ao invés de averiguar os fatos sob a ótica de que Deus é Pai, é Bondade, é Justiça e, acima de tudo, é Amor.

MILAGRES EXISTEM?

Cada revelação a respeito da vida humana, do ponto de vista de um espírito, é acompanhada por uma irresistível sensação de júbilo. Saber que somos seres espirituais verdadeiramente ilimitados é incrível demais para ser ignorado.

James Van Praagh

Nós espíritas aprendemos que milagres não existem, pelo menos da forma como são conceituados; como feitos extraordinários que vão de encontro às leis da natureza[16]. Como o Espiritismo descerrou o véu que separava o mundo real do maravilhoso, demonstrando que nada ocorre fora das leis naturais, não restou espaço para o milagre.

O milagre, para o Espiritismo, nada mais é do que a realização de um fenômeno natural ainda desconhecido, inexplicável por quem o assiste e, por essa razão, considerado milagroso. Ou seja, milagres na verdade são os fatos para os quais o Homem não tem explicação, ainda.

A conversão de Saulo de Tarso ao Cristianismo, por exemplo, é considerada por muitos como um milagre. O que pode explicar o fato de um judeu convicto, doutor das leis judaicas e eminente membro do Sinédrio, ter abdicado de todos os seus poderes, privilégios e convicções para seguir os passos daquele a quem perseguia? Relembremos.

---

[16] *sm* (*lat miraculu*) 1 Fato que se atribui a uma causa sobrenatural. 2 Teol. Algo de difícil e insólito, que ultrapassa o poder da natureza e a previsão dos espectadores (Santo Tomás). Moderno Dicionário Michaelis. Disponível em: <http://michaelis.uol.com.br/moderno/portugues/index.php?lingua=portugues-portugues&pa lavra=milagre>.

Por volta do ano 34 da nossa Era, num dia de sol abrasivo, fato comum na escaldante região do Oriente Médio, quatro homens viajavam sobre camelos aparentemente exaustos, vencendo as distâncias desérticas entre Jerusalém e Damasco, comandados pelo homem que seguia à frente do grupo com semblante desolado e pensativo. Este homem era Saulo de Tarso.

O objetivo da viagem era encontrar Ananias, responsável pelos ensinamentos cristãos de Abigail, ex-noiva do apaixonado defensor da lei judaica. Ananias tinha sido o sustentáculo moral e espiritual da jovem e bela irmã de Estevão, em seus últimos dias de vida sobre a terra que experimentava os áureos tempos de nascimento do Cristianismo.

Saulo, doutor da lei mosaica e membro do Sinédrio, julgava Ananias responsável pelo que ele considerava a loucura de Abigail, qual seja a aceitação das ideias do Nazareno. Por isso, o perseguia naquele momento para que pagasse, à luz da lei judaica e sob os auspícios do Sinédrio, pelo terrível crime de afrontar a lei mosaica com a defesa da palavra de Jesus, o "miserável" de Nazaré que criara sérios problemas para os doutores da lei.

Os membros do Sinédrio eram os responsáveis pela defesa da lei e dos costumes judaicos, julgavam-se no direito de defender sua crença com o uso da força bruta e até com a própria morte do infrator, se assim fosse necessário. Para Ananias, essa seria a recompensa que Saulo reservava. Com esses pensamentos, Saulo seguia à frente de seus serviçais na iminência de adentrar Damasco, que já se fazia divisar.

Perdido em pensamentos, percebeu pequenas luzes que lhe surgiram malgrado a forte luminosidade no deserto. Dentre aquelas pequenas luzes uma forte luz branca apareceu provocando-lhe a perda da visão. Cego dos olhos do corpo físico, "outra luz lhe banha os olhos deslumbrados, e no caminho, que a atmosfera rasgada lhe desvenda, vê surgir a figura de um homem de majestática beleza, dando-lhe a impressão de que descia do céu ao seu encontro. Sua túnica era feita de pontos luminosos, à nazarena, os olhos magnéticos, imanados de simpatia e de amor iluminando a fisionomia grave e terna, onde pairava uma divina tristeza" (EMMANUEL/CHICO XAVIER, 1997).

O doutor da lei de Jerusalém deslumbrado com a visão que lhe ocorria ficou estático, embevecido com a sua magnífica beleza. Sobressaindo-se dos pensamentos que lhe ocorriam naquele momento de raríssima beleza, ele ouve a voz terna e meiga do Divino Mestre da Galiléia: – Saulo!... Saulo!... por que me persegues? Atônito, ele organiza suas forças e entre os soluços do choro convulsivo, como para certificar-se da evidência, pergunta: –Quem sois vós, Senhor? – Eu sou Jesus!

"Então, viu-se o orgulhoso e inflexível doutor da Lei curvar-se para o solo, em pranto convulsivo. Dir-se-ia que o apaixonado rabino de Jerusalém fora ferido de morte, experimentando num momento a derrocada de todos os princípios que lhe conformaram o espírito e o nortearam, até então, na vida. Diante dos olhos tinha, agora, e assim, aquele Cristo magnânimo e incompreendido! Os pregadores do "Caminho" não estavam iludidos!" (EMMANUEL/CHICO XAVIER, 1997).

Talvez precisemos, ainda, de muito tempo para compreendermos o "milagre" da transformação conceitual, moral e espiritual por que passou Saulo, naqueles minutos que sucederam à luz que representou a chegada do Cristo à sua presença. Não condeno quem chama esse episódio da história do Cristianismo de milagre. Do ponto de vista da moral de Saulo de Tarso, foi sim um "milagre", por que foi contra tudo quanto preconizava a motivação do ímpeto daquele jovem defensor da lei mosaica.

Epistemologicamente, podemos afirmar que o milagre, como é entendido comumente, é inaceitável, haja vista que não pode haver nada sobre a Terra que não esteja submetido às Leis Naturais. Entretanto, podemos considerar como tais aqueles fatos que, fugindo da nossa compreensão, nos mostram verdades desconhecidas, para as quais não se nos descerrou ainda o véu da ignorância.

Apesar do Espiritismo, acho que não passamos ainda do tempo dos milagres. Ainda somos passivos deles pelo tamanho da nossa ignorância! Mesmo sabendo que os fatos estão submetidos às Leis da Natureza, sabemos, da mesma forma, que nem todos passam ainda no crivo da nossa estreita razão. Mas não abdiquemos do sagrado direito ao esclarecimento! Não esperemos por milagres fora da realidade espiritual. Porque para nós, Espíritas, o milagre nada mais é do que um fato estritamente natural, para o qual ainda não temos explicação racional.

VIVENDO E APRENDENDO

Toda queixa é dispensável na economia do equilíbrio psicossocial. Quem se queixa, inferioriza-se ou espera compaixão.

Joanna de Angelis
(Divaldo Franco)

Certa vez um colega me perguntou: – Como é que alguém que detém informações sobre a vida espiritual se deixa levar por paixões que lhe podem infelicitar a vida?

Todos nós, os habitantes do planeta Terra, somos viajantes do Cosmo em busca do maior tesouro do Homem: a sabedoria. Esta, por sua vez, decorre de incontáveis momentos que nos agregam informações e conhecimentos. Porém, a aquisição de informações pode, tão somente, ter agregado valor intelectual, sem produzir transformação no conjunto dos valores morais. O aperfeiçoamento moral depende de introspecções amiúdes, de constantes reflexões sobre as informações adquiridas, sobre os atos praticados e suas consequências. Pois, só há a construção do conhecimento quando as informações adquiridas promoverem mudanças no padrão de atitudes e comportamentos do indivíduo. A sabedoria, por sua vez, é consequência do conhecimento sedimentado em nossa consciência e ratificado, dia a dia, pela prática constante das virtudes morais, mesmo contra todas as adversidades que a vida nos impuser.

Para que tenhamos uma confirmação de que os conhecimentos adquiridos foram sedimentados, inseridos em definitivo no conjunto de valores do Espírito, faz-se necessário que o indivíduo passe por situações que lhe exijam a aplicação desses conhecimentos. É o que na Doutrina Espírita chamamos de provação. Na provação, o Espírito, ao exercer o livre-arbítrio, decide utilizar-se ou não desses conhecimentos, pondo ou não em prática o que aprendera e, consequentemente, assume o ônus e o bônus da decisão tomada.

Falando dessa forma pode parecer fácil, mas não é! Nem sempre depende tão somente da simples vontade de querer fazer a "coisa certa", conforme nos diz Paulo em Romanos 7:18-21: "Sei que nada de bom habita em mim, em minha carne. Porque tenho o desejo de fazer o que é bom. Mas não consigo realizá-lo. Pois o que faço não é o bem que desejo, mas o mal que não quero fazer esse eu continuo fazendo".

De fato, uma série de fatores deve ser considerada: fisiológicos, patológicos, culturais... e espirituais (obsessivos). Por isso, devemos evitar a condenação prévia daqueles que falham, para que não ajamos fora dos princípios da caridade e da indulgência ensinados pelo Cristo e reiterados por inúmeros irmãos do plano espiritual, por intermédio da faculdade mediúnica, inclusive.

Há falhas morais que não corrigimos apenas com a leitura de um livro ou com a aceitação de determinada doutrina religiosa ou filosófica. As práticas religiosas são apenas ferramentas que a Bondade Divina nos faculta para nos auxiliar na eliminação paulatina das máculas milenares do Espírito, que só se apagarão a custa de muito esforço, quedas e determinação em querer vencê-las. Por isso, não devemos nos surpreender nem condenar aquele que, mesmo parecendo ter a consciência desperta para os valores espirituais, incorram em falhas comportamentais reprovadas pela ética, moral e bons costumes. Dia virá em que suplantaremos todas as dificuldades e apagaremos as chagas que maculam nossas consciências.

Como exemplo, temos a vasta problemática da sensualidade e do sexo. Dentre as inúmeras "necessidades" do espírito encarnado, creio ser o sexo uma das mais difíceis de ser completamente atendida. O sexo não é um elemento complementar, ele é integrante da estrutura espiritual; ele compõe o rol dos instintos básicos do ser.

Santos (1991, Introdução) entende que, "estando na profundidade do espírito os vórtices dinâmicos do sexo, é claro que a definição sexual de uma determinada personalidade será consequência das necessidades que a individualidade reclama para se construir". Dessa forma, nada há de incomum encontrarmos homens e mulheres que, mesmo sabendo da realidade espiritual, ainda se vejam enredados por questões ligadas à sexualidade. O problema é como essas pessoas estão se comportando diante da necessidade de aprimoramento, mediante a educação dos instintos.

Santos (op. cit.) defende "a necessidade de educação e conduta bem orientada para não haver confusões no entendimento, tão comuns pelas nossas heranças religiosas e para não considerarmos imoral tudo o que diz respeito ao sexo".

Ressalto que o sexo é apenas um dos inúmeros exemplos de carência que o espírito humano ainda carrega em suas entranhas. Muitos outros ainda compõem a carga de imperfeições que carregamos e que comumente percebemos naqueles que nos cercam, embora não reconheçamos que também os temos em grande monta.

É por isso que vemos tantas pessoas que, apesar do aparente grande número de informações que adquiriram, ainda se deterem em práticas reprováveis. A elas devemos negar qualquer sentimento de censura e oferecer-lhes as nossas mais sinceras consolações, em forma de incentivo para que continuem perseguindo a mudança imprescindível que ensejará a "Estrada de Damasco" de cada um, com a devida transformação para melhor a cada dia.

A nenhum de nós cabe o direito de apontar os equívocos de ninguém, mesmo porque os nossos não diferem muito daqueles que vemos noutrens. Assim, para evitar maiores comprometidos em decorrência da nossa avaliação, a melhor conduta é buscar compreender e, se possível, orientar aquele que erra, buscando aprender e corrigir os nossos próprios a partir da observação do erro alheio. Devemos perceber a trave nos nossos olhos antes de censurar o argueiro do nosso companheiro de caminhada.

SEXO E EVOLUÇÃO

A responsabilidade tem o tamanho do conhecimento.

Félix

"A sublimação progressiva do sexo, em cada um de nós, é fornalha candente de sacrifícios continuados. Não nos cabe condenar alguém por faltas em que talvez possamos incidir ou nas quais tenhamos sido passíveis de culpa em outras ocasiões. Compreendamos para que sejamos compreendidos" (LUIZ, 2002, p. 48).

A maioria de nós, senão todos, temos necessidades e desejos sexuais. O início da jornada em busca da libertação do jugo dos desejos é identificá-los dentre as necessidades. É separar o joio do trigo. Enquanto as necessidades demandam atendimento, os desejos nos cobram atenção com vistas à educação do instinto.

Por educação do instinto, entendemos o desenvolvimento intelectual e moral, visando à integração do indivíduo ao convívio social com a sua sexualidade expressa sob o domínio da razão e do bom senso. Sem as patologias características da falta de educação e respeito para consigo, a princípio, bem como para com os demais que lhe dividem o ambiente familiar, profissional ou público.

Para Santos (1987, Introdução), "sexo é vida, é evolução, quando as emoções pulsam nas asas do bem comum. Sexo é luta, tormento, desequilíbrio, atraso evolutivo, quando abastardamos os sentimentos na satisfação sexual temporária animal, que não acompanha o sentido maior da vida, onde estão sempre presentes os implementos da sinceridade e trocas de afetividade".

Entretanto, a abstinência sexual voluntária não é o caminho mais apropriado para a solução da problemática do sexo. O potencial sexual, bem como todos os demais potenciais humanos, exige educação. Para tanto, é responsabilidade de todos nós a racionalização dos instintos, a partir da seguinte pergunta: - o que quero fazer é o que devo fazer? Este questionamento introduz o indivíduo no entendimento dos princípios morais que devem reger toda ação humana (JAPIASSU e MARCONDES, 1989).

Para Santos (1987, Introdução), "não é a renúncia e ausência do sexo que eleva. O sexo deve ser observado e equilibradamente utilizado nas fases da vida: mocidade, maturação e velhice. A castidade quando alcançada deverá ser sempre observada sem tormentos, em qualquer fase da vida".

Desde sempre, mas em especial nos dias atuais, o apelo à prática sexual desvinculada de um relacionamento estável, irresponsável e descompromissada com os princípios básicos da moral e da ética, estimula jovens e adultos a aceitarem experiências sexuais fugazes, ensejando sérias consequências nos campos material e emocional, bem como graves comprometimentos espirituais. Enquanto o sexo bem dirigido significa ascensão e conquista evolutiva, o sexo mal dirigido é desarmonia e motivo de quedas e sofrimentos.

Como dito alhures, a abstinência sexual involuntária não é a solução para as questões que envolvem a sexualidade; mas sim a permanente vigilância dos desejos ocultos e inconfessáveis a fim de não lhes permitir que se expressem sem o condão da razão. Lembremos sempre que nada nos é proibido, mas que nem tudo nos convém[17].

---

[17] Todas as cousas me são lícitas, mas nem todas convêm. Todas as cousas me são lícitas, mas eu não me deixarei dominar por nenhuma delas. Paulo (I Coríntios 6, 12).

A SOMA E O RESTO:
OS QUE ESTÃO VIVOS E OS MORTOS

> *O ponto de partida do Espírito é uma dessas questões que se prendem ao princípio das coisas e estão no segredo de Deus.*
>
> **L. E. Questão 613**

A motivação para escrever esta crônica veio da leitura do texto "A soma e o resto: os que estão vivos e os mortos", de autoria do ex-presidente Fernando Henrique Cardoso. Confesso que me sinto meio encabulado para fazer os comentários que pretendo, haja vista ser o autor um dos pensadores mais brilhantes e cultos deste país. Entretanto, consciente da minha pequenez, arvoro-me ao direito de ensaiar, não uma resposta, mas simples comentários sobre o texto supracitado.

De antemão, quero dizer que não tenho a pretensão de convencer ninguém de nada. O que passo a fazer a partir de agora é tão somente um exercício reflexivo sobre as considerações do autor.

Senhor Presidente, ao ler sua percepção sobre a vida aos 80, quando ainda nem acabara de ler, me veio à mente um singelo livro escrito pelo rabino Harold Kushner, intitulado "Quando tudo não é o bastante", publicado no Brasil pela Editora Nobel, em 1999. Neste livro, o autor passeia pelas páginas do Eclesiastes e tece comentários sobre, dentre outras coisas, o sentimento de revolta e desilusão que impregna as pouco mais de dez páginas deste que é um dos menores livros bíblicos.

Mas não é isso o que mais interessa na obra do Kushner. O mais importante são suas colocações sobre o significado e o sentido da vida. E foi exatamente esse ponto do livro que me veio à mente ao ler o seu texto.

Entendo que o sentido de alguma coisa para alguém depende do significado dessa coisa para esse mesmo alguém. Considerando que os signos ou símbolos são a representação do conjunto de crenças que permeiam o imaginário e a realidade daquele que crê, o sentido de alguma coisa para nós depende das crenças que tenhamos.

Quando a coisa é a nossa vida, os signos e os símbolos que construímos ao longo dela são preponderantes para que entendamos, de forma patente, o seu sentido. Dependendo dos símbolos construídos durante a vida, em algum momento vamos nos sentir meio perdidos, sem rumo e com uma dúvida enorme a nos incomodar: "– Se julgo minha missão na Terra concluída, o que mais me prende aqui?" Quando não se tem a resposta certa, esta pergunta pode se tornar um perigo.

No seu texto, o senhor se define como intelectual e deixa claro que a intelectualidade e as preocupações com o Brasil nortearam, deram sentido a sua vida, senão em todos, mas em grande parte dos momentos. Implícito também está que o amor por Dona Ruth encimava (ou encima) todo o conjunto da sua obra. Ou seja, com exceção do amor à esposa, entendo que o sentido que o senhor emprestou à sua vida se pautou sobre símbolos tão frágeis e efêmeros quanto a própria vida na Terra.

Talvez, de todas as coisas que o senhor acreditou e pelas quais lutou a vida toda, o amor pelas pessoas, a quem pode se dedicar pessoal e individualmente, seja a única que transcende a sua materialidade e o habilite a conversar com os que já morreram – conforme suas palavras.

Esse sentimento, o amor, é o único símbolo que reúne todas as nossas crenças e nos faz transpor os limites da materialidade e vislumbrar a imortalidade do homem como conhecemos. Só o amor é capaz de nos fazer perceber que toda intelectualidade se transforma em ilusão, quando não nos permite adentrar o mundo dos que creem, não porque vêem, mas porque sentem algo além da simples materialidade. Nesse sentido, diz-nos o Eclesiastes (Cap. 1, vs. 17-18): "Apliquei o coração a conhecer a sabedoria e a saber o que é a loucura e o que é estultícia; e vim a saber que também isto é ilusão e correr atrás do vento. Porque na muita sabedoria há muito enfado; e quem aumenta ciência aumenta tristeza".

Se o senhor consegue conversar com os que já morreram sem se sentir meio louco, agradeça a Deus, pois tem já o embrião da fé que nos habilita a voos mais altos no campo da espiritualidade.

Permita-me citar um trecho do livro "O Homem Moderno à Procura da Alma", de Carl Gustav Jung, que diz que entre todos os seus pacientes na segunda metade da vida, isto é, acima dos trinta e cinco anos de idade, não houve um só cujo problema não tenha sido, em última análise, o de encontrar uma razão religiosa para a vida. O autor entende que cada um deles adoeceu porque perdeu aquilo que todas as religiões, em todos os tempos, dão a seus seguidores e que nenhum deles foi curado sem ter readquirido sua visão religiosa. Entendo que, sob este prisma, a religião não é simplesmente ópio, como defendia Karl Marx.

O senhor inicia o texto com uma frase com a qual não posso e não devo concordar, haja vista minhas convicções sobre a relação entre materialidade e espiritualidade. O senhor diz: "No fundo estamos condenados ao mistério". Senhor Presidente, ninguém está condenado a nada além das velhas crenças, até que as substitua. Quanto ao mistério, se o senhor se refere ao que vem além da materialidade, não há mais. Quase tudo que precisamos saber sobre o que existe além da matéria já nos foi dito. As informações estão alhures nos livros da Codificação Espírita, por exemplo, além da vasta bibliografia sobre o tema post mortem.

Não obstante, são informações eivadas de significados que, para serem compreendidas, faz-se necessário querer compreendê-las. Nesse sentido, diz-nos o rabino Harold Kushner que "a necessidade do significado não é uma necessidade biológica [...]. E não é também uma necessidade psicológica [...]. É uma necessidade religiosa, uma sede fundamental de nossas almas. Assim, é para a religião que nos devemos dirigir se quisermos encontrar as respostas"[18].

Ainda nesse sentido, diz o antropólogo americano Clifford Geertz, na página 125 do livro "A Interpretação das Culturas", que não é por uma indução baconiana[19] da experiência diária que devemos abordar esse tema, mas, ao contrário, por uma aceitação prévia da autoridade que transforma essa experiência.

Em outra parte do texto, o senhor escreveu: "Essa angústia vai ser permanente. Não tem solução." Nenhuma angústia, nenhum sofrimento é permanente e sem solução. A nossa vida e a forma como a vivemos não é uma determinação de Deus – nem de ninguém. A vida é uma construção diária e nós somos os seus artífices. A forma como a vemos e a percebemos é o grande diferencial entre vivermos angustiados ou abnegados, desprendidos dos valores comprometidos com a materialidade. Eis aqui uma questão que julgo pertinente para quem se percebe envolto em uma angústia aparentemente insolúvel.

Em outra parte do texto, o senhor se refere a uma comunidade espiritual que transcende o dia a dia. Como gostei de ler isso! É fato que há um mundo, que não é novo, que é tão real e produtivo quanto este que a matéria nos permite acessar pelos sentidos, formado por comunidades extracorpóreas que se comunicam conosco, nos influenciam e que, ao contrário do que o senhor escreveu, também são influenciadas por nós, por intermédio, principalmente, dos nossos pensamentos. É nesse mundo, nessas comunidades, a que o senhor se referiu tão timidamente, onde estão os nossos entes queridos que partiram desta dimensão.

Da próxima vez que o senhor se referir a ele, pode ser enfático e dizer, sem medo de errar, que seus amigos e seus familiares

---

[18] KUSHNER, H. Quando tudo não é o bastante, p. 18.
[19] Referente a Francis Bacon – político e filósofo inglês, considerado o fundador da ciência moderna.

constituem comunidades espirituais que, apesar de transcenderem o dia a dia, interagem conosco num leva e traz incessante de sentimentos que, mesmo sem ferir os sentidos, influenciam-nos mutuamente e balsamizam a mente.

Tenho motivos para estar convencido de que nossos sentimentos e pensamentos influenciam aqueles que já se despojaram do corpo físico, podendo, inclusive, gerar-lhes tristeza e sofrimento ou alegrias e felicidades, estas úteis ao seu bem estar.

Diante desta convicção, incito o nobre e ilustre pensador, expoente que é da intelectualidade nacional e internacional, a considerar a possibilidade de agregar aos vastos conhecimentos construídos ao longo da sua vida, alguma informação sobre a realidade espiritual. Para tanto, permita-me a ousadia de lhe sugerir inteirar-se, dentre outras, das obras que compõem a Codificação Espírita. Talvez, um novo conceito sobre a materialidade possa lhe dar um novo sentido à vida.

Por fim, gostaria de concluir citando Ludwig Feuerbach, quando diz, contrariando Marx, que "A consciência de Deus é autoconsciência; o conhecimento de Deus é autoconhecimento. A religião é o solene desvelar dos tesouros ocultos do homem, a revelação dos seus pensamentos íntimos, a confissão aberta de seus segredos de amor".

COLETÂNEA DE MENSAGENS

Caros(as) leitores(as),

Quero, de antemão, lhes falar da minha satisfação de ser o portador das comunicações descritas nestas mensagens simples, mas de forte apelo à reflexão. Algumas se dirigem ao cérebro, como centro da racionalidade humana; mas todas tocam o coração, símbolo do sentimento.

A disposição das mensagens ao longo do livro está em ordem cronológica. As primeiras foram escritas em meados de 2005, quando da minha participação no grupo de educação mediúnica dirigido pelo amigo Henrique Miguel, no Grêmio Espírita Atualpa Barbosa Lima, em Brasília-DF. De início, eram mensagens de pouco sentido. Depois de algum tempo, passaram a trazer ricas orientações morais baseadas na filosofia espírita-cristã.

Considerando que as escrevi em estado de total consciência, alguns colegas de grupo aventaram a possibilidade de não serem fruto de comunicações mediúnicas, mas de um processo anímico. Este tipo de questionamento é extremamente plausível e reflete o alto grau de responsabilidade do grupo para com a veracidade dos processos mediúnicos, conforme ensinado por Allan Kardec.

Após várias considerações e análises, não chegamos a um consenso. Na semana seguinte a uma dessas discussões, eis que escrevo: "Toda mensagem é importante pelo conteúdo que expressa. A origem e o autor são peças acessórias, perfeitamente prescindíveis. Devemos nos ater ao conteúdo. [...]"[20].

Vale ressaltar que das mensagens escritas, apenas três tiveram seus autores identificados: duas do Peixotinho (Francisco Peixoto Lins), médium de efeitos físicos desencarnado em 16 de junho de 1966; e outra por Jésus João, não identificado entre as pessoas conhecidas.

---

[20] Ver o conteúdo completo na Mensagem 19.

Por fim, quero desejar a todos uma excelente leitura, pródiga de reflexões e auto-análises, no sentido de identificar pontos de nossa conduta que mereçam reformulação e ajuste às leis de Deus, sempre em busca do nosso aperfeiçoamento moral.

Ricardo Honório

1ª MENSAGEM

Não penses mal dos que procedem mal; pensa somente que estão equivocados.

Sócrates

Conheceremos a verdade e ela nos libertará!

Infelizmente, ainda temos na Terra irmãos que se equivocam com suas crenças. Enganam-se com promessas que não são do Cristo.

O engano faz parte do aprendizado; errando aprendemos. Mas reconhecida a falha é digno que busquemos o caminho certo.

Reconheçamos na doutrina do Cristo o verdadeiro caminho para o céu que esperamos encontrar em nosso futuro.

Com a renovação de nossos corações atingiremos o céu da nossa consciência, em paz com todos os nossos sentimentos.

Que Deus nos abençoe!

2ª MENSAGEM

Se te propões realmente a cooperar com Jesus na sublimação da Terra, faze a ele esta valiosa oferta de coração: perdoa a quem te ofende para que o mundo não aumente os problemas a resolver.

Emmanuel

O Grupo Espírita é uma luz que se acende em benefício da Humanidade. Deve ser preservado para crescer e frutificar.

A responsabilidade de quem faz parte de um grupo é muito grande, frente aos desafios da missão assumida.

Deve-se perseverar para que a ideia não pereça. Os obstáculos são muitos, mas a persistência deve ser maior.

Não esqueçamos que Deus está sempre conosco, amparando nossas boas ideias.

Não percamos, pois, a oportunidade de servir, abrindo mão do nosso orgulho ferido e da nossa vaidade atingida.

Devemos lembrar que o grupo espírita não é só local de ensinamento, mas, acima de tudo, de aprendizado.

Tenhamos fé e esperança de que nossos mentores estarão sempre nos auxiliando e esperando que façamos a nossa parte.

Que Deus nos abençoe!

3ª MENSAGEM

Divina coisa a paz; mas a paz nobre, a paz com dignidade, a paz respeitada.

Rui Barbosa

Meus irmãos,

A paz que queremos para o nosso mundo está em nossos corações. Do pai para com o filho, do esposo para com a esposa, do chefe para com o subordinado, do amigo para com o amigo.

Querermos a paz só para nós é não saber o que é a paz. A paz é, antes de tudo, um estado de espírito que pode se transformar em ação.

A paz que desejamos não é deste mundo. Ela nasce no mundo das nossas ideias para depois se fazer presente no mundo reflexo, no mundo material.

Para que haja paz é imprescindível que haja amor. Mas o amor também não é deste mundo. O verdadeiro amor é a essência do nosso Criador.

Então, só há um caminho: volvermos ao Pai e participar do Seu amor para construirmos a paz que desejamos.

4ª MENSAGEM

Que é a morte, afinal, senão um agradável sono depois de um árduo e longo dia?

Sócrates

O amor de Deus é abundante e chega a todos que buscam nEle o caminho para a solução de seus problemas.

A morte do corpo físico não é o fim, vocês sabem disso. A nossa caminhada segue muito além do túmulo. Não vivam pensando que a vida se acaba com a morte.

O amor de Deus transcende o tempo e o espaço; e onde estivermos seremos alvos dEle.

5ª MENSAGEM

A esperança é o sonho do homem acordado.

Aristóteles

Pai de Misericórdia, rogo-te pela Paz na Terra!

Peço por cada um que vive a ilusão da unicidade da vida terrena.

Peço pelos que necessitam resgatar os débitos pretéritos em dificuldades relativas.

Atende, Senhor, o pedido do ignorante das verdades espirituais, porque com a Tua ajuda ele será sábio.

A Terra é nossa escola onde aprendemos a viver a vida eterna, a vida do espírito. Dá-me, pois, Senhor a graça de poder servir ao meu semelhante, de acordo com a Tua vontade.

Que eu possa participar da construção do novo mundo que reinará na Terra e que sejamos herdeiros da verdadeira Terra Prometida.

Que Deus nos abençoe!

6ª MENSAGEM

> *Sejamos como os otimistas, que procuram ver o lado bom das coisas más, e não como os pessimistas, que só vêem o lado mau das coisas boas.*
>
> **Célio Devenat**

Queridos irmãos e irmãs,

Oremos pelo mundo que nos abriga.

Como a casa onde moramos com nossos entes queridos, o planeta Terra carece de manutenções periódicas necessárias à sua evolução. Na sua escalada evolutiva, precisa de revoluções que, aparentemente danosas, saneiam as energias acumuladas e propulsoras da evolução permanente.

Os irmãos que sucumbem nos cataclismos decorrentes desses processos estão com eles relacionados e duplamente comprometidos: com a evolução do orbe e de si próprios.

A casa deve ser arrumada para que todos possam utilizá-la a contento. Arrumar a casa é limpá-la de tudo que lhe for prejudicial. Mas ao limpar a casa, nem tudo que sai é lixo. Deve sair também, mesmo que momentaneamente, os mais nobres, para que não aspirem a poeira desnecessária. A casa deve ser limpa para que os que ficarem possam viver melhor e receber visitas ilustres.

Para se arrumar a casa devemos afastar os frequentadores indesejados, retirar móveis obsoletos, quebrar o piso para melhor ladrilhá-lo e espanar os móveis para livrá-los da poeira acumulada.

A casa Terra está um tanto desarrumada. Uma limpeza se faz necessária e até urgente. Aquele que não estiver apto para viver na nova casa deverá buscar abrigo em outra morada. Não lhe faltará teto, pois na casa de meu Pai há muitas moradas.

7ª MENSAGEM

Muito sabe quem conhece a própria ignorância.

Confúcio

O estudo é necessário, mas o amor é imprescindível.

Devemos ensinar, acima de tudo, o amor.

Intelecto sem sentimento é potência sem direção, sem comando.

No ensino do amor não há teoria; a prática demonstrada é a única lição.

Se queres ensinar o amor, ama.

Se queres ensinar o perdão, perdoa.

Se queres ensinar a bondade, sê bom.

Se queres ensinar a sabedoria, sê sábio e saibas que a sabedoria não se ensina, se constrói.

O homem mais sábio da antiguidade sabia que nada sabia. Então, se queres ser sábio, saibas que a sabedoria se inicia com a humildade e o discernimento.

Sejamos sábios e amemo-nos uns aos outros, pois só o amor é capaz de nos dar a sabedoria de que há muito carecemos.

8ª MENSAGEM

Se guardas o propósito de elevação, aproveita a contribuição do Céu, iluminando e santificando o templo íntimo.

Emmanuel (Chico Xavier)

É, meu velho, ainda estás muito longe da perfeição! Ainda há muita luta pela frente!

O germe da arrogância e do orgulho ainda é um fato na tua realidade! Mas não desanimes, é assim mesmo! Ninguém muda de posição sem o concurso do trabalho com afinco, com determinação e com muito desprendimento.

A luta não é fácil, mas também não é impossível. Tenhas sempre em mente o desejo ardente de crescer, de evoluir, de buscar as alturas do conhecimento para que um dia a sabedoria se faça presente em ti.

Estás no caminho certo, não duvides. Tens tido provas disso todos os dias. Busques perceber.

A tua caminhada é muito bonita, mas precisa ser bem cuidada. Não descuides dos compromissos assumidos para que o progresso não sofra retardo.

As luzes do conhecimento adquirido precisam ser trabalhadas para não ofuscar a ninguém, inclusive a ti mesmo.

Tenhas paciência para com aqueles que não vêem o mundo como ti. A luz chegará para todos, mas a seu tempo. O sol vem para todos sempre no mesmo horário, mas nem todos se levantam na mesma hora para apreciá-lo. É preciso dar tempo ao tempo e, principalmente, àqueles que carecem de um pouco mais de tempo.

O despertamento espiritual é um momento sublime, mas subjetivo; depende de cada um. Não podemos, nem devemos, decidir pelo progresso de ninguém. Cabe-nos influir, auxiliar, dar o exemplo... mas nunca impor nossas ideias, nossas verdades.

Saibas crescer lentamente para que os entes queridos possam acompanhar-te. De nada adiantará chegar ao paraíso sozinho. A felicidade só existe em grupo, em família, logo, tu precisas de tua família espiritual para aureolar a tua felicidade.

Evoluas, cresças, mas não se esqueças de levar teus dependentes. Sem eles, a tua felicidade será incompleta.

Deus, nosso Pai, espera que cresçamos. Mas, como Pai, não tem preferência por seus filhos. Ama-nos a todos. Ninguém será privilegiado por caminhar mais que o outro.

A nossa responsabilidade para com os nossos dependentes não termina com a criação do corpo. Vai muito mais além. O espírito, muitas vezes, também é nosso dependente.

Deves estudar, aprender, crescer... mas nunca esquecer de todos aqueles que, de uma forma ou de outra, dependem, ou pelo menos carecem, da tua ajuda. Saber crescer também é necessário.

Não te sintas, por estas palavras, a pior das criaturas. Admoestar também é nossa tarefa. É bom quando temos alguém que nos ama para nos admoestar. É sempre bom ouvir nossos conselhos!

Recebas estas instruções como uma presença divina em tua vida.

Deus te abençoe e sejas feliz!

9ª MENSAGEM

Todas as flores do futuro estão nas sementes de hoje.

Provérbio Chinês

Estamos chegando ao final de mais um ano. Muito trabalho foi feito, mas outros tantos ainda esperam mãos e cérebros para fazê-los. Para isso, devemos planejar nossas realizações para o ano que se iniciará em breve.

Planejemos também o nosso futuro como espíritos imortais. Dissemos recentemente que a Terra está em processo de limpeza. Logo, poderemos, também, a qualquer momento, ser removidos para outras plagas.

Atentemos, amigos, para as nossas produções verbais (o que dizemos), mentais (o que pensamos) e práticas (o que fazemos).

O joio está sendo separado do trigo. O que somos: joio ou trigo? Nossa consciência pode nos indicar a resposta. O tempo urge!

Saibamos utilizar bem a oportunidade de habitarmos a Pátria do Cruzeiro. Aqui o campo é fértil, as oportunidades se nos aparecem amiúde. Saibamos aproveitá-las.

Todo progresso é bem vindo: o intelectual, o material... mas o moral alimenta o espírito e o faz crescer para Deus.

Paciência, justiça, benevolência... devem ser uma constante em nossas atividades, hoje e sempre.

Muita paz!

10ª MENSAGEM

O mais infeliz de todos os homens é aquele que assim se julga, porque a desgraça depende menos das coisas que sofremos do que da imaginação com que aumentamos a própria infelicidade.

Fénelon

Irmãos,

Quanta luz cai sobre vós!

Quantas bênçãos se derramam sobre todos que buscam na paz e no amor de Deus a solução para os seus problemas.

Pedi e obtereis. Buscai em Jesus e achareis.

Permanecei na senda do amor do Cristo e a espiritualidade se vos abrirá. Buscai em nosso Pai as forças para prosseguir na jornada do Bem e a força a vós chegará.

Amai... amai muito porque só pelo amor o mundo se regenerará.

Ajudai, porque é ajudando ao nosso próximo que o amor se desenvolverá em nossos corações.

Fazei da Doutrina dos Espíritos a vossa fonte de inspiração para o crescimento que almejais e que Deus espera que tenhamos.

Envio a todos vós o meu abraço fraterno e o desejo de que permaneçais nessa trilha, apesar dos embates que a vida terrena nos impõe.

Não desistais. Tenhais fé e esperança que o Pai nunca vos abandonará.

Muita paz e que Deus vos abençoe.

Um irmão e amigo

11ª MENSAGEM

Deus! Reconheço-vos eu, Senhor, no amor da esposa, no afeto do filho, na estima da irmã, na justiça do justo, na misericórdia do indulgente, na fé do pio, na esperança dos povos, na caridade dos bons, na inteireza dos íntegros!

Eurípedes Barsanulfo

Amor, amor, amor...

Tanto se fala em amor, mas quem ama?

Oh! Quanta dificuldade para se entender o que é o amor!

Mas, tenham calma! Não tenham pressa. Um dia todos amaremos... estejam certo disso.

Continuemos no nosso caminho e um dia amaremos como o Cristo espera que amemos.

12ª MENSAGEM

Não vos esqueçais, ao julgar os homens, que a indulgência faz parte da justiça.

Malba Tahan

Voltemos ao trabalho após o descanso merecido do corpo.

O corpo se cansa com o desgaste das energias físicas; o espírito se cansa com o desgaste das energias sutis em tarefas construtivas ou mesmo destrutivas.

Muitos irmãos, inconscientemente, consideram a vida terrena como um período de férias para o espírito. Esbaldam-se com as futilidades da vida material, principalmente quando detêm os recursos que lhe favorecem o supérfluo.

Pobres irmãos incautos e ignorantes das leis divinas. Esbanjam, muitas vezes, muita informação, pouco conhecimento e quase nenhuma sabedoria.

Vêem o tempo se desenrolar diante da eternidade que lhes exigirá, inexoravelmente, a devida aprovação anual nas lides desta escola implacável (Terra), que exige resultados de todos que aqui estão matriculados.

Infeliz daquele que recalcitra nos equívocos de uma vida repleta de egoísmos, rancores, ilusões, fazendo-os navegar em águas da sensualidade, da vingança, do desamor.

Espíritas, o tempo cobrará no devido momento a responsabilidade que lhes cabe no processo de construção do mundo novo. A fase das preparações, do reconhecimento e do processo de credibilidade da Doutrina Espírita está passando. O tempo agora é de lutas efetivas na plantação última das sementes que germinarão dos escombros do velho mundo.

Atentem para o papel que lhes cabe. Talvez não seja necessário submeter-nos ao suplício das carências materiais, mas, certamente, apresentar o testemunho dos atos.

Os compromissos são inadiáveis e exigem coragem e determinação. Não desanimem e sigam em frente.

Que Deus nos abençoe!

13ª MENSAGEM

Quando nasceste, todos riam e só tu choravas. Vivas de tal maneira que, quando tu morreres, todos chorem e só tu rias...

Confúcio

Ainda que eu falasse a língua dos homens e dos anjos, sem amor, nada seria!

O amor, ah! o amor! Que sentimento é esse que não cabe, ainda, no coração dos Homens da Terra?!

Quando será que despertarão para a necessidade incondicional de se amar?!

Por que essa insistência de só crescer no duplo esforço do freio e da espora, quando bem mais fácil seria reconhecer a necessidade do amor entre os Homens?!?!?!

Quantas lições! Quantas demonstrações! Por quantos anos ainda recalcitraremos na manutenção do status quo da alma em evolução?!

O tempo... ah! o tempo! Quantas ilusões carregamos ao longo do tempo, esse medidor de nossos passos sobre a crosta!

Usamos mal o nosso tempo! Esforçamo-nos para ocupá-lo com futilidades, com ações pouco interessantes para o nosso crescimento espiritual.

O amor deve ser a força motriz das nossas mais doces atividades. Desde um ato de caridade até o mais singelo pensamento. O amor deve estar em todos os espaços da nossa vida, do nosso tempo.

Agir com amor é agir como herdeiros legítimos do nosso Pai Celestial. Aprendamos amar e o restante se fará por consequência.

Amar, condição única para galgarmos os degraus da evolução do espírito.

O amor, seiva que nutre a harmonia universal, mantém a vida e justifica a existência do espírito humano como um ato do amor de Deus.

O amor, cuja fonte primária e inesgotável é o Criador, é a única solução para o mundo aflito.

Muita paz e muito amor!

Um amigo

14ª MENSAGEM

Homem poderoso é o que tem poder sobre si mesmo.

Sêneca

Deter poder é ter responsabilidade redobrada.

A responsabilidade depositada é sinal de confiança empregada.

O dever é consequência da missão escolhida ou recebida.

A obrigação é o cumprimento do dever ou da necessidade.

Recebas, pois, o cálice do poder com amor, gratidão e a consciência da responsabilidade que te toca.

O amadurecimento do espírito se dá em todos os campos de trabalho, inclusive do aprimoramento profissional.

A carga é dada conforme a necessidade de aprendizado e a força de cada um. Tens a carga que a tua força comporta.

Não te deixes invadir pelo desânimo, pelas preocupações excessivas.

Lembra que Deus não abandona seus filhos, e tu estás grandemente amparado pelas mãos protetoras dos amigos e mentores que têm se dedicado a te emprestar toda a força necessária ao cumprimento de tua missão.

Não duvides que todas as tuas tarefas serão bem cumpridas. Não comprometas tua caminhada com pessimismos estéreis.

Saibas dividir o teu tempo entre as agruras da lida, o carinho da família e as amenidades dos amigos.

Não te esqueças de buscar na fonte inesgotável do Universo toda energia necessária ao transporte da tua carga.

Agradeças ao Pai pela confiança depositada em teus braços e cumpras, conforme a tua consciência, a missão confiada.

Que Deus te abençoe!

15ª MENSAGEM

O sábio sabe adaptar-se às circunstâncias, como a água à forma do vaso que a contém.

Mi-Siu-Pao-Kien

Fico feliz pela persistência de todos à frente dessa pequena grande obra. Conforme prometi, não me afastarei de vós um só instante. Tenham sempre a certeza do auxílio da espiritualidade, pois esse trabalho é nosso.

Mantenham a fé e a certeza de que muitos de nós estamos com vocês antes, durante e depois do trabalho.

Assim como Deus não nos desampara eu não abandonarei vocês enquanto o trabalho persistir.

Peixotinho

16ª MENSAGEM

A verdadeira glória consiste em sermos tal como desejaríamos parecer aos outros.

Pitágoras

Pai, me desculpe pelo trabalho!

Agora estou bem e posso perceber o tempo perdido.

Agradeço todo o amor e dedicação de vocês e espero um dia poder retribuir tudo que me foi oferecido.

Hoje entendo as tuas limitações! Perdôo... quem sou eu pra perdoar?!

Hoje eu já tenho um pouco de paz e percebo o caminho que terei que seguir... e seguirei.

Agradeço a Deus pela oportunidade e desejo a todos muita paz.

Que Deus nos abençoe!

17ª MENSAGEM

Nunca o sono as pálpebras te feche sem que antes hajas tu perguntado a ti mesmo: " – Que fiz eu? Que deixei de fazer neste dia?" Se praticaste o mal, recua; persevera, se praticaste o bem.

Pitágoras

Que bom que o tempo passa, que a vida discorre na imensidão do espaço temporal e nos conduz, como viajores do infinito, aos páramos da elevação espiritual.

Somos todos, ao mesmo tempo, aprendizes e instrumentos que, se bem trabalhadas, podemos ser úteis.

O Pai prescinde dos nossos serviços, mas, por bondade, nos concede a dádiva do trabalho em seu campo.

Quantas vezes escolhemos o trabalho, quando a grande graça é sermos escolhidos.

Quantas vezes rejeitamos o trabalho que, na verdade, é a nossa grande chance de nos fazermos úteis e adentrarmos o rol dos escolhidos.

Não olvidemos, irmãos, que a grande missão da Terra é servir de laboratório para a nossa transformação.

Logo, não devemos escolher o buril que lapidará nossas arestas. Abracemos a labuta que se nos vem como a oportunidade de brilharmos aos olhos do Criador.

Sejamos, pois, dedicados ao trabalho que nos foi confiado e o levemos a bom termo, mesmo que nossos interesses imediatos sejam comprometidos.

Lembremos, sempre, que o objetivo do Espírito na Terra é se aproximar da magnitude da Divindade, um dia.

Nesse sentido, que Deus nos ampare!

18ª MENSAGEM

A mediunidade é uma faculdade portadora de intrincados, sutis e complexos mecanismos, que tem muito a ver com o passado do medianeiro.

Manoel Philomeno de Miranda

Todo componente de um grupo mediúnico é peça de um sistema de engrenagens que só funciona bem quando todo o conjunto está coeso, equilibrado e em perfeita sintonia. O desajuste de um repercutirá em todos. E o que deveria ser uma célula de auxílio, passa a ser um foco de preocupação para a espiritualidade.

Grupo mediúnico em desarmonia é prejudicial para uns e inócuo para os fins a que se destina. Responsabilidade, comprometimento, disciplina, firmeza de propósito, estudo e confiança no amparo divino é ponto de partida para todo grupo sério e devotado no trabalho do bem sob a luz protetora dos espíritos superiores.

Pensem nisso!

Que Deus abençoe a todos!

19ª MENSAGEM

A mediunidade, em si mesma, não é boa nem é má, antes, apresenta-se em caráter de neutralidade, ensejando ao homem utilizá-la conforme lhe aprouver, desse uso derivando os resultados que acompanharão o medianeiro até o momento final da sua etapa evolutiva no corpo.

Vianna de Carvalho / Divaldo P. Franco

Toda mensagem é importante pelo conteúdo que expressa. A origem e o autor são peças assessórias, perfeitamente prescindíveis. Devemos nos ater ao conteúdo.

Jesus permite e deseja que o aprendizado se dê de todas as formas. Não importa quem ensina desde que o aprendizado se faça.

O tempo urge! Não há tempo para se discutir quem é o mensageiro da lição. O importante é lecionar, divulgar as lições do Mestre Jesus e produzir cem por um.

Somos ávidos pelos ensinamentos que nos conduzirão ao aperfeiçoamento; discutir o nome do professor é trocar o conteúdo pelo invólucro. O responsável por toda mensagem boa, verdadeira e positiva é sempre Jesus. Todos os demais são apenas colaboradores.

20ª MENSAGEM

O Espiritismo é uma doutrina sobre o mundo, dá-nos a sua interpretação e nos mostra como nos devemos conduzir nele.

J. Herculano Pires

Intelecto sem sentimento é potência sem freio.

Estudar o Espiritismo é acima de tudo estudar-se. Já diziam os sábios que é imprescindível conhecer-se a si mesmo.

O estudo do Espiritismo deve ser sempre no sentido do autoconhecimento, a fim de que, nos conhecendo, possamos adquirir as habilidades de conhecer as necessidades do nosso próximo e ajudá-los.

Estudar Espiritismo é desenvolver a sensibilidade para com as carências de todos que possamos ajudar. O estudo do Espiritismo exige, pois, não nos esqueçamos de transformar nossos conhecimentos em sentimentos, e assim podermos ser úteis, utilizando o conhecimento adquirido em prol de outrem.

Muita paz!

21ª MENSAGEM

Se te candidatas à mediunidade, no serviço com Jesus, renuncia a quaisquer glórias ou aos enganosos florilégios da existência, porque jornadearás pela senda de espinhos, pés sangrando e mãos feridas, coração azorragado, sem ouvidos que entendam os teus apelos mudos...

Joanna de Angelis/Divaldo Franco

A vida na Terra é sementeira do Espírito. Os espíritos semeiam melhor quando trabalham em grupo. O combustível de um grupo é a harmonia. Primar pela harmonia é imprescindível à sobrevivência de um grupo de estudos ou de trabalho.

Grupo desajustado significa trabalho a mais para a espiritualidade. Assim, cuidemos mais dos nossos pensamentos e atitudes para que não nos transformemos em empecilho no trabalho com os irmãos desencarnados.

Atentemos o tempo todo. A busca da harmonia deve ser uma constante. No dia da reunião de estudos ou de trabalho exige-se um pouco mais, haja vista despendermos mais energias para auxiliar os irmãos desencarnados que aqui vêm em busca de auxílio. Se quisermos ajudar, então devemos nos preparar para que possamos ajudar bem.

No trabalho com a espiritualidade, não basta querer participar; devemos estar conscientes da importância do trabalho e o mais preparados possível para que possamos ser úteis do princípio ao fim. Para isso, vigiemos nossos pensamentos durante todo o tempo. Não nos permitamos navegar por águas turvas de paixões, de baixos sentimentos ou mesmo da inconsequência moral.

Estejamos sempre atentos, afinal, somos trabalhadores do Cristo na seara espírita. Muitos irmãos nos veem, acompanhamnos e esperam de nós comportamentos que lhes instiguem a prática do bem. Não temos o direito de lhes decepcionar.

Como trabalhadores espíritas, temos uma grande responsabilidade em nossas mãos. Atentemos para isso.

Oremos pedindo e agradecendo. A espiritualidade é pródiga em auxiliar a todos que se alistam nas fileiras dos trabalhadores do Cristo; mas, em contrapartida, exige-nos comprometimento e responsabilidade.

Sejamos felizes e muita paz!

22ª MENSAGEM

Os Espíritos constituem o mundo invisível; estão em todos os lugares; povoam os espaços ao infinito, estão sem cessar ao redor de nós e estamos sempre em contado com eles.

O Livro dos Médiuns

Um clarão azulado se faz sobre a reunião. No centro desse clarão uma luz amarelada ilumina todo o ambiente. É uma luz intensa, reverberante.

Ao som de uma música suave as energias bailam como dançarinos felizes e fugazes. Espíritos sorridentes exibem suas vestes luminosas prateadas. Com as mãos entrelaçadas, envolvem todos os presentes.

Pontos de luzes de variados matizes desprendem-se das cabeças dos participantes da reunião. Uns mais fortes e brilhantes outros mais amenos. Mas todos muito coesos em torno do trabalho a que se dedicam.

Ao largo da reunião, uma infinidade de irmãos assiste à demonstração de fé e esperança no Criador. Alguns chegam a se acotovelarem para poder chegar mais perto da mesa onde o foco de luz é mais forte. Outros, ainda incrédulos, não se interessam pelo que vêem.

Olhando do alto, o edifício parece uma estrela na amplidão do éter. Um fluxo de vários filetes brilhantes parte da reunião, parecendo levar e trazer amparo para todos os presentes encarnados e desencarnados.

A sintonia do grupo não é perfeita, mas está muito favorável ao trabalho de auxílio aos mais necessitados.

Que bom! Que bom que a Doutrina do Cristo espalha-se, dia após dia, sobre a face da Terra tão carente de amor, de compreensão e do mínimo de dedicação ao próximo. Que bom que corações esperançosos nas promessas do Cristo se detêm sobre seus ensinamentos e tentam praticá-los e levá-los a todos quantos queiram recebê-los.

Queridos irmãos e irmãs, fico feliz com a dedicação de todos ao trabalho. Não tenham dúvidas de que tudo chega ao Pai. Nada se perde no desconhecimento e, assim como eu, muitos de nós velamos por vocês todos. Mantenham-se na caminhada do bem, nas trilhas do Evangelho e tudo o mais lhes serão ofertados.

Deus tudo vê, tudo sabe e tudo recompensa sob a luz da Lei de Causa e Efeito. Se praticarem causas boas, receberão efeitos bons. Esta é a promessa de Deus nosso Pai. Fiquem em paz e confiem sempre na Justiça Divina.

Que Jesus nos abençoe!

23ª MENSAGEM

> *A Ciência, desenvolvendo-se, à custa dos valores de ordem moral, estava vos conduzindo ao bem-estar material em proveito do Espírito das trevas. Vós o sabeis, cristãos: o coração e o amor devem andar unidos à Ciência.*
>
> *Fénelon*

Que é o amor, senão um sentimento desconhecido que nos assusta e nos fragiliza quando o sentimos?! O amor enaltece o Espírito e enfraquece a matéria.

Quando é confundido com a paixão, é arrebatador e eleva os sentidos. Mas quando é verdadeiro, é calmo... é meigo... por isso nos dá a sensação de fragilidade.

O amor é como um líquido muito limpo que suja de limpeza o invólucro ainda não preparado para recebê-lo.

O amor ainda assusta, ainda é ridicularizado. O Homem ainda não sabe amar. Ele não reconhece o amor.

O amor não exige nada, não promete nada além dele próprio. O amor simplesmente é.

Que o amor de Deus nos envolva sempre para que possamos, um dia, aprender amar como Ele nos ama, enquanto espera que nos amemos.

Muita paz!

24ª MENSAGEM

> *Se, ao invés de se lamentar, agradecer a Deus por pô-lo à prova, deve agradecer a mão que lhe fornece a ocasião de mostrar sua paciência e sua resignação.*
>
> ***O Evangelho Segundo o Espiritismo***

O agradecimento é já um sinal de evolução; é o reconhecimento do bem recebido.

Nós também agradecemos a confiança depositada e esperamos poder contar sempre com a ajuda divina no trabalho do bem.

Jesus espera e deseja sempre a regeneração de quem erra. Quando conseguimos auxiliar um irmão no reencontro do caminho de volta ao bem, estamos atendendo à vontade do nosso Pai.

25ª MENSAGEM

O tempo, como patrimônio divino do espírito, renova as inquietações e angústias de cada século, no sentido de aclarar o caminho das experiências humanas.

Emmanuel

A construção do nosso futuro se faz a partir das mudanças que empreendemos em nós.

Irmãos, o tempo urge! Há quanto tempo estamos nesse estado! Quanto tempo mais vamos permanecer esperando o futuro que nos espera? O futuro nada mais é que o resultado do presente.

Despertemos e atentemos para os ensinamentos do Cristo e não percamos mais tempo.

Nenhum homem conhece os passos que advirão nos dias vindouros. Todos os passos seguintes são forjados no nosso dia a dia. Hoje, agora é o melhor momento para construir o nosso futuro.

Avaliemos os conhecimentos espíritas que nos têm chegado para que possamos deles tirar o melhor proveito; para que possamos evitar mais sofrimentos decorrentes da nossa ignorância e para que construamos o mundo de paz que tanto desejamos.

Não adianta ficarmos esperando que outrem construa o nosso mundo de felicidade. Nós, apenas nós, podemos construir o nosso futuro, a partir do nosso presente.

Muita paz!

26ª MENSAGEM

O determinismo do amor e do bem é a lei de todo o Universo e a alma humana emerge de todas as catástrofes em busca de uma vida melhor.

Emmanuel

A Humanidade vive momentos decisivos. As turbulências pelas quais passa a Terra são o prenúncio de tempos gloriosos para o Espírito.

Urge que acertemos o passo com a marcha do progresso. Deus nos espera sempre, mas não nos deseja ver atrasados tanto tempo. Para tanto, aciona dispositivos das Leis Universais e fomenta o progresso dos retardatários no duplo esforço do freio e da espora.

O progresso não exige sofrimento. Mas há casos em que o sofrimento é a única condição para o progresso. Entre esses, encontram-se aqueles que há séculos recalcitram na ignorância e na preguiça.

Para evitar o sofrimento, utilizemos de todas as ferramentas que o Criador nos tem facultado para o nosso progresso. Nossa força física, nossa inteligência, nossa saúde físico-mental, nossas habilidades, nosso tempo disponível... tudo são meios que podemos utilizar contra o atraso moral que ainda se faz presente em nós.

A nossa razão é um poderoso instrumento que deve ser utilizado para respaldar as nossas decisões, para que não nos deixemos levar pelas ilusões do mundo. A vida na Terra é passageira e serve para que, entre outras coisas, possamos construir o futuro que nos espera, quer seja nela ou além dela.

Se temos hoje um saldo negativo com o passado, para que aumentar ainda mais essa dívida? Sejamos inteligentes! Por que sofrer se podemos ser felizes?

Busquemos controlar mais as nossas más tendências e desenvolver bons sentimentos e virtudes. Pensar e agir assim não são apenas questões de cunho religioso. Não é mais a religião que nos fala dessas coisas, mas a nossa consciência desperta.

Podemos ser felizes, basta querermos pagar o preço da felicidade. Porém, não me refiro àquela felicidade ilusória e telúrica pautada em valores efêmeros, mas à felicidade construída sob as regras do amor, do respeito, da fraternidade universal.

Assim, e só assim, passaremos em paz pela fase de transição que se aproxima e conseguiremos positivar o nosso saldo na contabilidade da vida.

Sejamos felizes com Jesus e que Deus nos abençoe!

27ª MENSAGEM

De quantas chagas necessita o meu frágil coração para expungir os cancros seculares do egoísmo, e de quantos açoites precisarei para exterminar o orgulho impenitente?

Lázaro (Humberto de Campos)

Meu irmão,

A cruz que carregamos é um fardo adequado às nossas forças e necessário ao nosso aprendizado e evolução. Reconhecer o nosso fardo como tal é a primeira virtude que precisamos desenvolver e demonstrar.

O conhecimento dos fatos que geram nossos fardos é matéria obrigatória para o nosso aprendizado, bem como para que possamos auxiliar aqueles que, de alguma forma, estão envolvidos com o nosso fardo, de modo que todos cheguem bem ao destino desejado.

Não se descuidar dos estudos que ampliarão nossa visão sobre as leis da vida é condição indispensável para que possamos nos ajudar e ajudar a quem nos ajuda. Algumas vezes, nossos benfeitores espirituais até que tentam, mas não conseguem nos auxiliar porque nossos sentidos estão atentos apenas para os interesses materiais.

Não desperdice as oportunidades de desenvolver, de aprimorar as qualidades morais. Creia que a tua luz não é pequena nem insuficiente para as tuas necessidades. Mas, se julgar necessário, busque ajuda para que possa melhor ajudar. Estaremos sempre contigo, te ajudando em tudo que for necessário à tua evolução.

Que Deus nos abençoe hoje e eternamente!

28ª MENSAGEM

Esta transição inevitável, da Era da Matéria para a Era do Espírito, pode começar a ser efetivada, humildemente, silenciosamente, perseverantemente, no mundo interior de cada criatura.

Martins Peralva

Pai de Misericórdia,

Estenda tuas bênçãos sobre a Terra que ora agoniza.

Transformai em bênçãos as dores que fazem tantos irmãos chorarem.

Venha a nós, Senhor, o bálsamo da fé para que possamos suportar as adversidades que se avizinham, pois é chegado o momento de apresentarmos o nosso óbolo e de partilharmos nossas esperanças nas promessas do Cristo.

Que a fé nos seja a força que nos impulsiona para o fim a que nos destinamos.

Que venham as adversidades; e como nas experiências do circo romano, passaremos em todas as provas exigidas para a nossa promoção no campo da moral.

O Cristianismo redivivo nas páginas do Espiritismo será o nosso caminho.

Confiemos no Mestre Jesus para que possamos vencer a guerra contra as nossas imperfeições.

29ª MENSAGEM

Que importam as ciladas que armarem no vosso caminho! Apenas os lobos caem na armadilha de lobos, pois o pastor saberá defender suas ovelhas das fogueiras do sacrifício.

O Evangelho Segundo o Espiritismo

Queridos irmãos,

As bênçãos de Deus, nosso Pai, caem sobre todos que buscam em nosso Senhor e Mestre Jesus a força e a razão para viver.

Conforme prometera o Cristo, nenhuma ovelha do Seu rebanho se perderá. Mesmo que percamos o bonde que ora passa a nossa frente, outros virão. Porém, aquele que perder mais esse bonde amargará a espera do próximo nos duros bancos desta estação chamada Terra, ou até em outra de nome ainda desconhecido para nós.

Urge, então, que embarquemos já no bonde do Cristianismo Redivivo que no Espiritismo a base que nos conduzirá à estação do amor, passando invariavelmente pelas estações do perdão, da indulgência, do autoperdão e da caridade.

É imprescindível que leiamos, estudemos e assimilemos todas as instruções contidas no nosso manual de viagem: o Evangelho de Jesus. Só assim evitaremos mais um período de espera dolorosa nos bancos desta estação onde, ao que tudo indica, estacionamos há séculos.

"Vinde a mim todos que estais cansados e oprimidos e eu vos aliviarei."

Este chamamento do Cristo continua em vigor. Até quando resistiremos?

30ª MENSAGEM

Nenhuma grande realização jamais se dá de um dia para outro. Mesmo a vida propriamente dita não é um fluxo contínuo de tempo, mas, antes, uma série de incidentes e projetos individuais.

Alkindar de Oliveira

Irmãos,

Não pensem que o trabalho não está sendo feito. A matéria dos vossos pensamentos é útil e necessária para os afazeres que se desenvolvem deste lado (espiritual). Mantenham-se em profunda concentração com o pensamento elevado ao Cristo de Deus.

Nem sempre o bom trabalho se dá pela orientação verbal. O alimento do corpo é um, do espírito é outro. Nosso trabalho visa o âmago do ser: o espírito. E para o espírito um pensamento pode ser mais importante do que dezenas de palavras. Então, pensem no bem.

Vossos pensamentos emitem matéria sutilizada, mas animalizada, imprescindível para o tratamento de irmãos que ainda não se desligaram completamente da matéria densa em que habitaram até a última desencarnação.

Vossos pensamentos são canais de fortes colaborações, por isso os mantenham sempre limpos se quiserem ser úteis ao trabalho de auxílio aos irmãos mais necessitados.

Neste trabalho de ajuda ao próximo, não rejeitamos nenhum trabalhador. Mas tanto melhor será aproveitado quanto mais útil for.

Não se preocupem com vossas quedas. Elas mostram que ainda não são tão fortes como pensam. Se caírem, levantem-se... mas se esforcem para não tornar a cair.

A queda é sinal de fraqueza; a reincidência é demonstração de irresponsabilidade e falta de compromisso com o processo de reforma moral de que necessitam.

Ajudem-se para que possamos vos ajudar. Não baixem a cabeça. Levantem-se e caminhem, pois só caminhando chegaremos aonde queremos chegar. Não se aflijam, mas não se acomodem.

Quando fraquejarem, orem e peçam ajuda que ela virá.

Paz para todos!

31ª MENSAGEM

A fé se dirigiu à razão, a razão não encontrou nada de ilógico na fé, e o materialismo foi vencido.

O Evangelho Segundo o Espiritismo

A vingança é o pior dos sentimentos humanos contra alguém. Denota falta de fé e de confiança na Justiça Divina.

O homem vingativo se desprende dos braços de Jesus e se lança nos mares das ilusões terrenas, achando que pode aplacar seu sofrimento infligindo sofrimento a outrem.

Pobre alma sofredora que foge do jugo divino e busca na vingança a solução para as suas dores. Não sabe que o perdão é condição indispensável para a felicidade de todos que sofrem pela injustiça dos homens.

A fé e a esperança incondicionais em Deus são a única forma de nos livrarmos do monstro da vingança; favorecem a geração de paz para todos, encarnados e desencarnados.

Perdoar não é fraqueza; perdoar é sabedoria, é fé em Jesus... em Deus!

Perdoem enquanto é tempo! Este é o momento.

Perdoem e vivam em paz!

Pensem nisso e sejam felizes!

32ª MENSAGEM

Ocupa-te com zelo e perseverança do trabalho que empreendeste com a nossa cooperação, porque esse trabalho é nosso. Nele pusemos as bases do novo edifício que se eleva e deve um dia reunir todos os homens num mesmo sentimento de amor e de caridade; mas antes de o publicares, nós o reveremos em conjunto, a fim de verificar todos os seus detalhes.

O Livro dos Espíritos

Queridos irmãos em Cristo,

O trabalho na seara cristã é permanente; não existem férias espirituais. As nossas atividades na vinha do Senhor não devem sofrer solução de continuidade por conta dos nossos compromissos sociais, profissionais ou lúdicos.

Somos cristãos vinte e quatro horas por dia, todos os dias do ano e por toda a nossa existência. Ser cristão em ambientes e horários específicos é enganar-se. A Consciência cristã é fonte permanente de trabalho e de dedicação ao estudo e à prática do Evangelho.

Jesus não descansou enquanto não concluiu sua tarefa; Paulo de Tarso não se quedou diante dos mais notáveis reveses, nem preteriu as tarefas de divulgação do Evangelho em favor de descansos ou atividades paralelas.

É bem certo que temos nossos compromissos no campo da materialidade, mas a matéria sem o espírito é veículo sem combustível. Não vai a lugar nenhum.

Pensemos, então, que além (e antes) dos compromissos assumidos com o mundo, temos aqueles assumidos com a Espiritualidade Maior, com nossa consciência e com Deus.

Que tenhamos, assim, a sensibilidade de compreendermos a diferença entre o que é necessário e o que é imprescindível.

33ª MENSAGEM

Notei, porém, que da fronte, do tórax, do olhar e das mãos dessa senhora irradiava-se luz incessante que me não permitia sofrear minhas expressões admirativas.

André Luiz

Mãos abençoadas que distribuem amor
Mãos devotadas que emprestam calor
Mãos amorosas que se dão
Mãos, apenas mãos!

Mãos que concentram
Mãos que dispersam
Mãos que ativam
Mãos que acalmam
Mãos, apenas mãos!

Mãos que transmitem a vontade do Pai
Mãos que acendem a chama do amor
Mãos que retiram da mente o pó
Mãos, apenas mãos!

Mãos que põem na exata medida o pó
Mãos de paixão, de emoção
Mãos, apenas mãos!

34ª MENSAGEM

Derrame alegria e bondade, ao encontrar uma pessoa conhecida, e já terá conquistado os benefícios de uma boa ação meritória. Que seus amigos sintam o calor de seu coração afetuoso no simples cumprimento alegre.

Carlos Torres Pastorino

Meu Deus, quanto engano, quantos erros e quanto arrependimento!

Quanta vergonha sinto diante da bondade do Pai. Tanta bondade me faz sentir pequeno, menor mesmo do que realmente sou.

Quantos enganos há entre os irmãos encarnados e até entre os desencarnados. Como somos ignorantes em matéria de amor.

Quanto temos que aprender e ao mesmo tempo temos tanto a ensinar. Quanto podemos nos doar aos irmãos mais necessitados.

Muitos de nós sentem-se envergonhados dos erros cometidos, recusam, até, adentrar ambientes de luz para não se expor diante da luminosidade de outrem. Que bobagem! Nenhum filho deve se envergonhar diante do Pai. Ele nos espera sempre amoroso porque sabe o quanto erramos, o quanto ainda somos fracos.

Se precisarmos, peçamos ajuda a quem possa nos ajudar e aproveitemos todas as oportunidades que se nos aparecem para crescermos.

35ª MENSAGEM

Em verdade o sermão edificante e o auxílio fraterno são indispensáveis na extensão dos benefícios divinos da fé. Sem a palavra, é quase impossível a distribuição do conhecimento. Sem o amparo irmão, a fraternidade não se concretizará no mundo.

Emmanuel

Deus não nos desampara nunca. Sejam quais forem nossos problemas, Ele está sempre pronto a nos auxiliar. Para isso, basta que queiramos e nos dirijamos a Ele com sinceridade no coração; que deixemos cair as máscaras da hipocrisia, da maledicência, da soberba, do egoísmo... para que as energias sutis dos seus prepostos nos encontrem.

Os tempos que hoje vivemos requerem que saibamos nos comportar como verdadeiros filhos de um Deus Bom e Justo, que nos supre sempre que o buscamos com sincero amor.

Sabemos que os tempos são árduos e de grandes turbulências, mas nenhuma delas deixou de ser predita pelos emissários do Pai ao longo dos séculos. Certamente, são consequências de nossas decisões, conscientes ou não, de tempos idos. O que vivemos hoje é nada mais que o bafo benfazejo da Justiça Divina, que nos favorece a colheita de antigas plantações.

Deus é amor! Mas amor sem justiça é parcialidade. O amor de Deus é eivado de justiça. E sua justiça é reta e imparcial; atinge a todos que infringem as leis que regem a estabilidade universal.

Essa realidade faz-nos perceber que, se hoje vivemos as consequências desastrosas de um passado de irresponsabilidade, devemos atentar para que no futuro possamos gozar de um bem-estar digno dos Bons e dos Justos.

Nesse sentido, todos somos candidatos a merecer o Amor e à Justiça Divina. Mantenhamo-nos, então, na retidão de sentimentos, atos e pensamentos para que seja hoje o último momento de dor. Que o amanhã seja pleno de luz, paz, amor, com nossa dedicação à causa do Cristo.

Esqueçamos o "cristianismo" eivado de enxertos indevidos e deturpados e sigamos o Cristo tal qual nos foi reapresentado pela Terceira Revelação. Um Cristo sem mácula, sem desvios e com toda a essência dos primeiros tempos da Boa Nova. E assim teremos o que chamamos de Cristianismo Redivivo, ressuscitado das cinzas onde o mundo das religiões políticas o jogou há séculos.

Que os nossos corações possam se abrir para receber as mensagens do Cristo como nos foram entregues. Que Deus nos abençoe e nos favoreça o esclarecimento de nossas mentes para que vislumbremos um mundo novo de amor verdadeiro, com o cumprimento das promessas do Cristo para todos, conforme nossas obras.

Muita Paz!

36ª MENSAGEM

É preciso fazer o melhor possível, ajudando os outros, tendo responsabilidade com a elevação espiritual de todo o planeta. Só o amor e a compreensão vão transformar o mundo em que vivemos e para isso as pessoas precisam exemplificar essas virtudes em seus próprios atos.

Bárbara Ivanova

Aos homens são dadas responsabilidades e poderes para que possam adquirir autoridade e conduzir os interesses dos irmãos que lhes são postos na condição de subalternidade, com a finalidade principal de engrandecer a todos diante do Pai. Este, por sua vez, espera que os detentores de poderes temporais os utilizem em prol dos mais necessitados.

A não observância de preceitos evangélicos na execução do poder que lhe é conferido é pedra de tropeço onde o incauto, invariavelmente, tropeça e cai. É imprescindível, pois, a todos que detêm poderes terrenos, vigiar para que não sucumbam pelas armas que têm para vencer.

Da mesma forma, que fiquem atentos todos que detêm os dons da espiritualidade. Aos médiuns é requerida muita atenção e cuidado para com a charrua com a qual foram agraciados. Atentai para o solo onde plantardes a semente do vosso futuro e onde colhereis os frutos da plantação de agora.

Desde já, é chegada a hora da colheita das plantações de outrora. Isso é fato! Não é mais letra de um romance de futuro incerto. As predições dantes escatológicas são agora reais e iminentes.

Quem plantou o Bem, colherá o Bem; quem plantou o Mal, colherá o Mal; quem nada plantou, será retirado do serviço e da horta por inapetência aos trabalhos do Pai. Vós Espíritas tendes a responsabilidade de conhecer com clareza as leis que o mundo teima em rejeitar por ignorância, como se pudessem fazê-lo por muito tempo.

Está sobre vós a incumbência de retirar das cinzas do mundo o Cristianismo dilacerado por anos de incompreensão e de transvios. Está com o Espiritismo o encargo de ressuscitar o Cristianismo e fazer o planeta Terra vivenciá-lo em essência e em profundidade.

Aos irmãos que dirigem os destinos da Terceira Revelação recai o dever de mantê-la original, livre dos vícios e fraquezas humanas que dilapidaram a planta tenra da Mensagem Cristã em seus primeiros séculos, transformando-a, ao longo da história do mudo, em braço político dos interesses efêmeros dos poderes terrenos.

Ao Espiritismo foi entregue o dever de promover a revivescência da Doutrina do Cristo, tal qual nos foi entregue há dois mil anos. Com esse processo estão comprometidos todos que, de alguma forma, têm ingerência nas vidas dos irmãos que, como vós, mourejam na lida terrena.

Portanto, e finalmente, fiquem atentos para as responsabilidades que lhes dizem respeito nesses momentos decisivos para o planeta e para a Humanidade.

Que Jesus nos permita continuar esse trabalho em conjunto com todos vós encarnados, para que todos possamos, juntos, contribuir para o progresso de nós mesmos e deste belíssimo planeta que há milênios nos acolhe.

Muita Paz!

37ª MENSAGEM

Não podemos nos dar ao luxo de correr atrás daqueles que abandonam o serviço espiritual, a pretexto de lhes oferecer explicações e homenagens. Isto porque nossas obrigações aí estão, exigindo-nos tempo e dedicação, e não podemos perder tempo.

Chico Xavier

Caríssimos irmãos,

No trabalho do Cristo não basta a boa vontade. A dedicação com afinco é condição indispensável para que possamos atingir aos objetivos desejados.

Se as exigências da lida terrena vos impõem obstáculos é compreensível, mas se a lida é apenas um álibi para as vossas fraquezas diante da necessidade do trabalho, podeis estar se comprometendo seriamente com as leis que regem a vida e perdendo oportunidades santas de participar, como trabalhadores da última hora, da vinha do Senhor.

Atentai, pois, para as vossas responsabilidades espirituais e não percais as oportunidades que a vida vos oferece.

Muita paz!

38ª MENSAGEM

Esta transição inevitável, da Era da Matéria para a Era do Espírito, pode começar a ser efetivada, humildemente, silenciosamente, perseverantemente, no mundo interior de cada criatura.

Martins Peralva

Os humanos encarnados, por razões óbvias, carecem da materialização das ideias e dos fatos que lhes regem. No entanto, independente de haver a materialização dos fatos, eles existem, simplesmente.

Qualquer grupo de irmãos que se unam pelos laços benditos do amor e da caridade tem, por bondade divina, alguém que os ampara e orienta. Independe de sabermos o seu nome, ele aí está a cumprir o papel de guia em nome do Pai.

Se precisamos atribuir um nome, escolhamos entre tantos que nos alimentam as ideias e o utilizemos. Isso não vai tornar o grupo melhor nem pior. O que vai definir o valor do grupo são as corretas atitudes mentais e as ações de cada um antes, durante e depois de cada reunião.

Jésus João

39ª MENSAGEM

> *O obsessor é o irmão a quem os sofrimentos e desenganos desequilibraram, certamente com a nossa participação.*

Suely Caldas Schubert

Avaliemos bem a nossa atual existência. Talvez nossos sofrimentos não representem tudo que merecemos. E, caso a nossa vida seja muito boa, consideremos a possibilidade de essa bondade ser uma trégua das causas, para que adquiramos mais forças para suportar as provas pelas quais ainda precisamos passar e que, certamente, ainda virão.

Então, se temos uma vida repleta de tranquilidade, aproveitemos para reforçar o ânimo pela aquisição do conhecimento e pela prática de boas obras, para poder suportar os dias de densas nuvens que poderão vir no futuro.

Não nos esqueçamos de que estamos em um planeta destinado a expiações e provas de seus habitantes. Portanto, consideremos os momentos de paz como oportunidades para o aprendizado, para o crescimento intelectual e moral e para o fortalecimento do espírito com vistas a suportar as consequências do pretérito de equívocos que nos esperam no futuro.

Já dissemos outras vezes que o tempo urge. Não nos detenhamos na mordomia enganosa das benesses materiais. Não nos enganemos. Os tempos são de resgates. Entretanto, nada disso deve ser motivo de medo ou de tristeza, porque o Pai não nos abandona nunca. O auxílio virá sempre; basta que aceitemos, compreendamos e ponhamos em prática as orientações do Mestre.

40ª MENSAGEM

As primeiras posições são acessíveis a todos: compete a cada um conquistá-las pelo trabalho, alcançá-las o mais rápido possível, ou arrastar-se durante séculos e séculos nas camadas baixas da Humanidade.

O Evangelho Segundo o Espiritismo

Meus irmãos,

A horta de que dispomos é grande o suficiente para acomodar a todos que, de alguma forma, desejam participar da construção de um novo mundo, onde o amor e a fraternidade sejam a razão de viver de cada um de nós.

Não fazemos mais que nossa obrigação quando favorecemos trabalho aos que, de alguma forma, querem trabalhar.

Jesus deseja nos ver a todos trabalhando. Nós apenas aceitamos a Sua disponibilidade de trabalho.

Mantenhamo-nos em sintonia com a mensagem de Jesus e o trabalho surgirá. Sejamos sempre disponíveis ao trabalho e não ficaremos desempregados na seara do Cristo.

Eu agradeço o esforço de todos que estão a frente desta pequena grande obra, cujo nome vocês tiveram a grandeza de me oferecer.

Como vocês, eu sou apenas mais um trabalhador esperançoso de que nunca me falte trabalho.

Só lhes peço que nunca desistam e sejam sempre fiéis a Jesus e a Kardec.

Não se deixem influenciar por novidades e tenham muito cuidado com as ofertas do mundo.

Quanto mais tenra é a planta, mais suscetível de pragas ela é.

Um abraço a todos!

Peixotinho

41ª MENSAGEM

Diante dos perigos que corremos, Deus nos adverte da nossa fraqueza e da fragilidade de nossa existência.

O Evangelho Segundo o Espiritismo

Meu filho,

O amor de Deus vai muito além das meras convenções humanas. Ninguém melhor que Ele para entender as fragilidades de Seus filhos.

Aos Seus olhos, não passamos de crianças crescidas. Por isso ferimo-nos uns aos outros. Mas nem por isso deixamos de ser admoestados quando julgado necessário.

Os problemas pelos quais passa cada um de nós são perfeitamente compreendidos por Deus. O martírio moral, a dúvida insana é já um princípio de percepção do correto.

Mantenhamo-nos, pois, na busca da fortaleza que nos fará resistir às tentações que tanto nos afligem.

Mantenhamo-nos, então, firmes na certeza de que podemos tudo vencer e em breve venceremos.

Um Amigo Próximo

42ª MENSAGEM

A voz da consciência o adverte do bem e do mal e para que tome boas resoluções, e lhe dá as forças para resistir às más tentações.

O Evangelho Segundo o Espiritismo

Calma!

As tentações são provas pelas quais precisamos passar para ratificarmos o nosso aprendizado e a nossa evolução.

O sofrimento e a dúvida diante delas representam já um degrau a mais na nossa consciência do certo e do errado.

Não esqueçam de que não estamos sozinhos. Os amigos espirituais estão sempre a postos a nos sustentar em todas as nossas necessidades.

Continuem esperando de Deus, de Jesus e da Espiritualidade Maior o auxílio para as horas mais difíceis.

Não desistam nunca, pois apesar da aparente dificuldade, há muita força nos sustentando em todos os momentos de dor, de sofrimento e de difíceis decisões.

Quando as decisões devam ser compartilhadas, oremos para todos aqueles que, como nós, sintam-se tentados e fragilizados diante da prova.

Não se esqueçam de que a fé é sustentáculo inabalável quando alicerçada no correto entendimento das leis divinas e na razão.

Busquem os ensinamentos espíritas e verão que as provas serão melhor compreendidas.

Amem-se uns aos outros. Não apenas o amor sentimento, mas o amor ação.

43ª MENSAGEM

Um dia encontrei a poesia
E ela repleta de alegria
Disse-me ao coração:
– Amigo, vamos trabalhar,
Vamos a vida embelezar
Com simplicidade e emoção!

Herlen Lima

Passarinho preso não mostra o canto que canta
Passarinho muito solto, pode desafinar
Passarinho bom canta solto ou preso
Passarinho bom não deve desencantar.

Gaiola boa não prende passarinho
Gaiola boa mantém livre o passarinho preso
Gaiola que se preze mantém o passarinho preso com a porta aberta.

Vai passarinho, usa da liberdade que é boa
Voa mesmo preso e refaz teu canto
Passarinho que se preze canta e encanta a gaiola do lar.

Desculpem os versos, talvez melhor seria a prosa
Mas quem muito escolha a letra acaba não se comunicando
Desculpem, também, a falta de rima.
Abraço a todos!

44ª MENSAGEM

Não foram capazes, por isso, de suportar a doutrina trazida pelo Cristo, toda ela calcada na humildade, na tolerância e no amor universais e, após as perseguições sem conta, acabaram pregando-o no madeiro infamante.

Rodolfo Calligaris

Caros irmãos,

Atentemos para as orientações do Cristo. Suas palavras não se embotam com enxertos e interpretações inoportunas e imediatistas.

Aqueles que se utilizam do instrumento da voz e das letras para orientar outros irmãos tenham muito cuidado. Não transformem a ferramenta em pedra de tropeço.

Estudem antes de se dirigirem a outrem para instruir ou consolar.

Estamos sempre a postos para auxiliá-los, mas o vosso trabalho é o vosso trabalho.

Ser trabalhador da seara espírita não é status, mas oportunidade de duras lutas contra a ausência do bem que ainda se faz presente em nós.

Se quisermos erguer a bandeira do Cristianismo, então façamos conscientes da responsabilidade assumida.

Não esperemos dos homens o reconhecimento do nosso trabalho, pois só Deus pode aquilatar o valor do bem que fazemos.

Aceitem e aproveitem a oportunidade de trabalho, mas não esqueçam de que o trabalho assumido envolve uma responsabilidade digna dos escolhidos para a vinha do Senhor.

Um Amigo

45ª MENSAGEM

As criaturas que procuram bajulação e exaltação martirizam-se para não cometer erros, pois a censura, a depreciação e a desestima é o que mais as aterrorizam.

Hammed

Sabemos que a perfeição não é característica de nenhum de vós. Mas sabemos também que o desejo de se aperfeiçoar é eminente em todos que buscam, sinceramente, no Espiritismo a sua cartilha de aprendizado moral.

Nós que lhes acompanhamos os passos vemos as lutas que todos empreendem contra as más tendências que lhes acompanham há séculos. Não se aflijam! Tudo tem o seu tempo certo.

Já nos dizia o sábio em Eclesiastes: há tempo para tudo – para plantar e para colher. Aproveitem a oportunidade de terem conhecido o Espiritismo e plantem, plantem bastante para que a vossa colheita seja pródiga.

Lembrem-se de que as deficiências não são eternas. Muitas delas já estão se despedindo de vocês.

Mantenham-se no caminho do bem que nós, vossos guias, lhes secundaremos na problemática da transformação moral. Abstenham-se de práticas equivocadas e trabalharemos juntos os sentimentos.

Não sofram por serem frágeis às tentações, mas se regozijem pelo amparo que lhes damos.

Jesus não desampara nenhum de vós. Basta que queiram, realmente, se transformar. O primeiro passo já foi dado: buscaram na Doutrina Espírita o caminho, a verdade e a vida para vossos espíritos já cansados de sofrer.

A partir de agora, é semear nesse caminho para colherem, em breve, os frutos da vossa persistência no bem.

Que Deus lhes abençoe!

46ª MENSAGEM

Amigo Sublime, que subiste o monte da crucificação, redimindo a alma do mundo, ensinando-nos, do cume, a estrada de Teu Reino, auxilia-me a descer para o vale fundo do anonimato, a fim de que eu veja as minhas próprias necessidades, na solidão dos pensamentos humildes.

Lázaro (Humberto de Campos)

Mais um período de tempo de encerra para nós encarnados.

Chega mais uma vez o momento em que os homens e mulheres da Terra, envolvidos com as vibrações do período natalino, refletem sobre a sua existência.

Mais uma vez deixam-se levar por uma chama de amor fraternal que surge para logo depois se extinguir.

Não aprendemos ainda a lição de Paulo que nos diz para vivermos no mundo sem nos permitir viver para o mundo.

Vivemos para o mundo a maior parte do nosso tempo e ensaiamos viver para o Cristo alguns dias. Mas nem assim conseguimos muito!

É bem certo que a atmosfera terrestre muda nessa época, mas poderia ser bem melhor se os maiores interesses não se voltassem para os bens materiais, para os prazeres terrenos.

Vivamos para o Cristo todos os dias da nossa existência. Vivamos o Evangelho em sua essência ou o mais próximo disso.

Quantas energias são desperdiçadas no trato extremado dos interesses físicos, enquanto trabalhos voltados para a espiritualidade permanecem sem braços para movê-los!

Quantos recursos são destroçados em operações fúteis, enquanto irmãos carentes da própria subsistência desfalecem na miséria, na mendicância!

Quantas inteligências se perdem na ociosidade ou na prática de atos reprováveis!

Se quisermos homenagear o Cristo nessa época que consagramos ao seu aniversário de nascimento, voltemo-nos para o Seu Evangelho e nos dediquemos ao amor e à caridade, ao estudo das Leis Divinas desveladas pelo Espiritismo, ao ensino dessas leis aos menos esclarecidos.

Ide e pregai, disse o Cristo. Então dividamos o que já sabemos com aqueles que não tiveram as oportunidades que tivemos e façamos do Natal o momento mais apropriado para iniciarmos a maior doação de presentes da nossa vida: doemos dos nossos conhecimentos, do nosso discernimento, esclarecendo a todos quantos queiram aprender na fonte do Evangelho.

É Natal! Brindemos com amor as taças dos nossos corações e mentes comprometidos com a Doutrina do Cristo.

Arregacemos nossas mangas e nos ternemos, cada um com suas habilidades, trabalhadores da última hora, divulgadores da Terceira Revelação e caminheiros na senda do amor e do perdão.

Não ressaltemos nossas limitações e defeitos, mas enalteçamos nossas qualidades e desejos de sermos melhores.

Deus não nos ver como meros pecadores, mas como filhos aprendizes que buscam o aperfeiçoamento.

Não olhemos para traz, mas para frente, pois é lá que está o nosso futuro glorioso e cheio de vitórias.

Despertemos! Em algum momento teremos que despertar, então que esse momento seja agora.

O tempo urge! Por que esperar mais?

Somos trabalhadores e o trabalho está aí a nossa espera. O fazendeiro celestial nos chama. Aceitemos sua oferta e não desperdicemos mais esta oportunidade.

É Natal! Então que seja neste Natal a alvorada do nosso desprendimento das alianças materiais rumo aos páramos da espiritualidade maior, repleta de felicidade e do amor de Jesus.

Feliz Natal! Feliz alvorada da nova Era! Feliz despertar e sejam todos bem vindos à era da felicidade, da prosperidade e do amor oferecidos por Jesus no novo mundo que nos espera.

Que Jesus continue iluminando nossos passos hoje e eternamente!

47ª MENSAGEM

Ninguém é privado das bênçãos de Deus. Todos nós recebemos o que necessitamos para viver. É de raciocínio comum que não podemos dizer que onde não há calor não existe vida, que onde falta a luz visível, escapa a inteligência.

Miramez (João Nunes Maia)

Meus irmãos,

A palavra de Deus chega a todos aqueles que queiram aprender das mais variadas formas. Não há uma forma rígida e única para o entendimento. Mesmo porque a escola Terra está repleta de alunos dos mais variados matizes. Uns precisam de determinado conteúdo, outros de outro. Assim, a Sabedoria Divina atinge a todos de acordo com a necessidade evolutiva de cada um.

A Doutrina Espírita é um conjunto de ensinamentos pedagogicamente elaborados. Não é um conjunto de normas soltas. É um corpo de doutrina cientificamente construído segundo rígidos padrões metodológicos, baseados, inclusive, na teoria e prática de grandes avatares da Humanidade, dentre eles o Sócrates.

Pela Doutrina Espírita, a Ciência, a Filosofia e a Religião são caminhos que Deus nos oferece para que, por eles, individual ou coletivamente, produzamos para o nosso benefício, bem como de toda a Humanidade. Esses três caminhos representam uma família de três irmãs, onde a Ciência pergunta, a Filosofia responde e a Religião sublima com o amor e a sensibilidade, para que compreendamos que tudo é instrumento de Deus em benefício de todos nós.

As discrepâncias apresentadas por aqueles que defendem cada uma delas individualmente são frutos tão somente das idiossincrasias de cada um, que o tempo e a evolução no conhecimento das Leis Divinas farão desaparecer.

Isso ocorre porque o Homem ainda se prende a rótulos que ele mesmo cria e esquece o conteúdo, que é de Deus. Quando aprendermos que tudo é e vem do Pai, essas diferenças tenderão a desaparecer e a paz reinará entre cientistas, filósofos e religiosos, porque todos juntos formam um só corpo com uma só alma.

Entretanto, precisamos dar tempo ao tempo. Só ele nos mostrará tudo isso. Esperemos e veremos que o amor vencerá todas as dissensões.

Que Deus lhes abençoe hoje e sempre!

48ª MENSAGEM

O mediunato é adquirido mediante sacrifício pessoal e muita renúncia, trabalho incessante e humildade no desempenho das tarefas que lhe dizem respeito.

Manoel Philomeno de Miranda

Querido irmão,

O departamento de cobranças espirituais não se engana de endereço e não faz cobranças indevidas. Se algo te incomoda, paciência! Certamente, há razões para tal. Resigna-te e age pacientemente que tudo passará. E dependendo do comportamento como assumas o teu compromisso, passará para não mais voltar.

Estamos em luta pelo resgate de nossas mazelas. Então, para que postergarmos uma fatura que pode ser quitada agora?

Deus não dá fardo a quem não pode carregar. Se tens um fardo, carrega-o com serenidade e paciência. Certamente, em breve estarás livre dele, pois nada é para sempre, a não ser o bem que fazemos.

Vergasta teu corpo em benefício do Espírito. Este sim sentirá mais a tua incontinência diante dos desejos que o corpo reclama.

Repito: tenhas calma! Suporta um pouco mais e em breve será louvado mais um vencedor.

Lembra de Paulo que, depois do suplício, experimentou a bonança da bem aventurança junto ao Cristo.

Tenhas paciência e em breve não mais sofrerás por isso que agora te aflige.

Muita Paz!

49ª MENSAGEM

Posta, a mediunidade, a serviço das ideias enobrecidas, é alavanca para o progresso e apoio para todas as aspirações do bom, do belo, do eterno.

Vianna de Carvalho (Divaldo Franco)

Queridos irmãos,

Vós que sofreis com as angústias das ideias imperfeitas que ainda se debatem na luta insana de si consigo mesmo, tenham calma!

Tempo virá em que lembrareis de tudo isso com um leve sorriso nos lábios. Sorriso de vencedor! De quem venceu a batalha contra a ignorância e contra as indisposições para o bem.

Esperemos, oremos, vigiemos e caminhemos. Deus nos acompanha com olhos misericordiosos e nos ampara em todos os momentos.

Calma, paciência e paz!

Fiquem com Deus em vossos corações!

50ª MENSAGEM

Bom médium é aquele que tem consciência das suas responsabilidades e dos seus limites, tudo fazendo por burilar-se à luz do pensamento cristão, agindo na ação da caridade incessante, com que bem se arma para vencer as próprias imperfeições.

Vianna de Carvalho (Divaldo Franco)

A hipocrisia de uns não deve ser preocupação para outros, embora deva ser percebida como exemplo de como não proceder. Entretanto, se pudermos, de alguma forma, auxiliar esses irmãos, devemos fazê-lo sem a presunção de querer solucionar o problema.

Muitas vezes são questões profundas do Espírito que se carrega por longos evos. E não é em uma sessão espírita, em um consultório psicológico que a questão se resolverá. São necessários vários anos de persistência para vencer o monstro que lhes habita o íntimo, cujo nome poderia ser egoísmo, cupidez, orgulho entre tantos outros vícios que ainda nos alimenta a alma.

São problemáticas de difícil solução, haja vista que dependem, em grande parte, da pertinácia do espírito em perseguir sua cura. São questões que envolvem inúmeros outros irmãos. Enfim, são questões complexas que só o tempo poderá nos mostrar as causas, explicar e justificar as consequências e oferecer a solução. Enquanto isso, muita oração e dedicação às causas do bem.

A Doutrina Espírita é, para esses casos especificamente, uma grande fonte de informações, de esclarecimentos utilíssimos, haja vista que a grande mantenedora de processos dessa natureza é a ignorância que permeia os envolvidos.

É certo que o simples conhecimento das leis que regem todo o processo de evolução do espírito, viajor do tempo, não é suficiente para solucionar essa problemática. É imprescindível que o Espírito reconheça sua necessidade de mudança vibracional e comportamental. Para tanto, a oração é indispensável.

 Oremos, então! Oremos cada um de nós que vivemos essas experiências dolorosas, consequências de nossos desajustes e de nossas invigilâncias. Nós outros que temos irmãos em experiências dessa natureza, oremos por eles. Deus, que não desampara ninguém, enviará a ajuda necessária no momento certo. Para este momento, tenhamos paciência. É a paciência quem vai fazer com que não nos compliquemos ainda mais no já bastante complicado caminho que traçamos.

51ª MENSAGEM

Com o esforço inicial, com o exercício em continuação e com a disposição de acertar, criar-se-ão as condições positivas para o êxito de uma concentração feliz, facilitando, dessa forma, as comunicações espirituais que se sustentam nessas faixas de vibrações.

João Cleófas (Divaldo Franco)

Quão bela é a vida do Espírito. Quando menos esperamos, encontramos nas esquinas da eternidade afetos e desafetos de ontem numa simbiose inesperada, convivendo sem perceber que o amor de hoje pode ser o desamor de ontem, que o nosso ser mais querido pode ter sido um dia motivo de nossa desonra. E tudo isso submetido à Lei de Amor que nos une ao longo dos séculos.

A bondade de Deus é infinita e tudo concorre para o aperfeiçoamento de todos. Os céus sorriem quando duas almas irmãs se entendem no palco da vida e resolvem questões antigas, frutos muitas vezes da ignorância que lhes impregnava o espírito.

Com o conhecimento das leis universais, compreende-se que só o amor é permanente em todos os tempos. Todo o restante é efêmero. Os ódios, as paixões, os desentendimentos tudo se esparge como a poeira no deserto. E tanto mais poeira teremos quanto mais deserto for nosso coração.

Nenhuma ovelha do meu rebanho se perderá, disse o Cristo. Nenhum sofrimento durará para sempre. Quando menos esperamos, dá-se a maior metamorfose do universo: o Espírito entende seu passado de erros, de enganos e aceita a proposta de transformação e se transforma. Reconhece a falha diante do inimigo ou da paixão de outrora e aceita o convite para voar mais alto, o voo da liberdade que o introduz no mundo de felicidade e amor, sem paixões ou ódios.

Que bela noite a que propicia o reencontro de dois irmãos que se devem amar. Que bela noite a que registra o encontro de alguém consigo mesmo no vasto palco das existências pregressas e se reconhece como perdedor de si próprio, de seus equívocos.

Mais uma ovelha desgarrada volta ao rebanho do divino pastor, mais um filho pródigo volve à casa paterna em busca de amparo e de acolhimento.

Felizes sejamos todos que vivemos um momento de redenção e de vitória contra as tribulações deste mundo. Bebamos da água cristalina do Evangelho do Cristo e nos saciemos em seu amor.

Que Deus nos abençoe!

52ª MENSAGEM

O estudo dar-te-á diretriz, oferecendo-te métodos de controle e disciplina psíquica, enquanto a atitude conceder-te-á renovação íntima e conquista de valores morais.

Joanna de Angelis (Divaldo Franco)

As forças da Natureza estão sempre a postos para auxiliar a todos que necessitam do auxílio e da bondade de Deus.

Quando orientamos a necessidade de vigiar e orar é para que nos aproximemos da melhor situação que nos trará entendimento e paz.

O retorno à vida do espírito daqueles que mantinham um distanciamento da oração e da vigília de seus pensamentos e de suas ações é sempre mais penoso.

Quando encarnamos, choramos pelo choque com a matéria; quando desencarnamos choramos pelo choque com o desconhecido.

Devemos nos instruir! É pela instrução que fugiremos pouco a pouco da ignorância que marcou o nosso passado de erros; é por seu intermédio que nos aproximamos dos mais elevados postos na hierarquia dos mundos e nos assemelhamos aos irmãos superiores.

Oremos! É pela oração que imitamos os anjos. Uma boca que ora é um pedaço do céu na Terra.

A oração dulcifica e abranda momentaneamente o nosso coração. Serena nossas aflições e nos atrai para Deus. A oração é o hálito do Pai na boca dos homens.

Oremos! Que cale em nossas bocas toda palavra que não seja motivo de alegria, de amparo, de consolo ou instrução.

Deus não nos concede os dons da vida para que caiamos. Devemos utilizá-los para o nosso progresso e de todos aqueles que nos cercam.

Nenhum elemento da Natureza é inerte. Tudo conspira para o progresso e o bem-estar de toda a Criação. Não sejamos o elemento dissonante na orquestra da vida.

Que possamos contribuir para a harmonia do Universo. Nossa contribuição pode ser pequena, mas é o suficiente para que não nos tornemos apáticos, mornos.

Devemos participar do concerto universal e contribuir com o pouco que nos compete para a beleza da sinfonia de Deus.

Não nos intimidemos com a luz dos outros e não nos sintamos menor só porque a nossa participação possa parecer pequena.

Deus convida a todos para a sua seara de amor e de trabalho. Sejamos mais um entre aqueles da última hora a participar da construção da harmonia universal.

Não sejamos mornos, mas quentes e luminosos como o sol que aquece das geleiras do Ártico ao mais pequenino grão de areia dos trópicos.

Que Deus seja o nosso norte e Jesus o sol que ilumina a nossa estrada para todo o sempre.

Que assim seja!

REFERÊNCIAS:

ALMEIDA, J. F. (Tradutor). A Bíblia Sagrada. 2ª edição, São Paulo: SBB, 1993.

ALVES, A. A. Compromissos adiados. São Paulo: NEEL, 1985.

ALVES, R. O que é religião. 4ª edição, São Paulo: Edições Loyola, 2002.

ÂNGELIS, J. (FRANCO, D. P.) Lampadário Espírita. 6ª edição, Rio de Janeiro: FEB, 1996.

ARMOND, E. Os Exilados da Capela. 3ª edição, São Paulo. Ed. Aliança, 1999.

BUENSE, D. Histórias do Dia a Dia. São Paulo: DPL, 2002.

CAMPOS, H. (XAVIER, F. C.) Boa Nova. Rio de Janeiro: FEB, 2006.

CARDOSO, F. H. A Soma e o Resto: um olhar sobre a vida aos 80. São Paulo: Editora José Olympio LTDA, 2011.

EMMANUEL (XAVIER, F. C.). Paulo e Estêvão. 29ª edição, Rio de Janeiro: FEB, 1997.

_____ O Consolador. 26ª edição, Rio de Janeiro: FEB, 2006.

GEERTZ, C. A interpretação das culturas. Rio de Janeiro: Zahar, 1978.

JAPIASSU, H. e MARCONDES, D. Dicionário básico de filosofia. Rio de Janeiro: Zahar, 1990.

KARDEC, A. O Livro dos Espíritos. 76ª edição, Rio de Janeiro, FEB, 1995.

_____ A Gênese – os milagres e as predições segundo o Espiritismo. 14ª edição, Rio de Janeiro: IDE, 2001.

_____ O Livro dos Médiuns. 70ª edição, Rio de Janeiro: FEB, 2002.

_____ O Evangelho Segundo o Espiritismo. 315ª edição, Rio de Janeiro: IDE, 2005.

KUSHNER, H. S. Quando tudo não é o bastante. São Paulo: Nobel, 1999.

LUIZ, A. (XAVIER, F. C.). Missionários da Luz. 34ª edição, Rio de Janeiro: FEB, 2000.

LUIZ, A. (XAVIER, F. C. e VIEIRA, W.). Sexo e destino. 26ª edição, Rio de Janeiro: FEB, 2002.

MIRANDA, H. C. Diálogo com as sombras. Rio de Janeiro: FEB, 2004.

OLIVEIRA, Alkíndar de. O trabalho voluntário na casa espírita. Disponível em: http://www.neim.org.br/arq/livros_diversos/o_trabalho_ voluntario_casa_espirita.pdf Acesso em: 1º Abr. 2012.

PIRES, J. H. O Espírito e o tempo. Sobradinho: Edicel, 1995.

_____ Vampirismo. 3ª edição, São Paulo: Paideia, 1991.

PRAAGH, J. V. O despertar da intuição. Rio de Janeiro: Sextante, 2001.

SANTOS, J. A. Forças sexuais da alma. 5ª edição, Rio de Janeiro: FEB, 1991.

TEIXEIRA, R. Programa Vida e Valores, nº 153, da Federação Espírita do Paraná, gravado em julho de 2008. Disponível em: <www.raulteixeira.com/mensagens.php>. Acesso em: 16 fev. 2012.